**Anne Barns
Christin-Marie Below**

Mit Illustrationen von
Florentine Prechtel

SCHNEIDERBUCH

1. Auflage 2022
Originalausgabe
© 2022 Schneiderbuch in der
Verlagsgruppe HarperCollins Deutschland GmbH, Hamburg
Alle Rechte vorbehalten

Dieses Werk wurde vermittelt durch die
Literarische Agentur Thomas Schlück GmbH, 30161 Hannover.
Einband und Illustrationen: Florentine Prechtel
Gesetzt aus der Franziska
von Simone Horlacher/HarperCollins
Druck und Bindung: Livonia Print, Riga
Printed in Latvia · ISBN 978-3-505-15069-2

www.schneiderbuch.de
Facebook: facebook.de/schneiderbuch
Instagram: @schneiderbuchverlag

# Inhalt

1. Frisch gebackene Plätzchen ............................................. 7
2. Weihnachtssternwünsche ................................................13
3. Glockenläuten in der Nacht ........................................... 19
4. Rudolph mit der grünen Nase ........................................26
5. Die Elfen-Chefin Fiora ..................................................... 32
6. Mit dem Schlitten durch die Nacht ............................40
7. Achtung, Himmelstaxis! ...................................................46
8. Am himmlischen Weihnachtsnordpol ...................... 52
9. In der magischen Weihnachtsbäckerei..................... 59
10. Ab in den Ofen! ..................................................................66
11. Ein Eiswichtel ..................................................................... 72
12. Ein Hauch von Vanille ....................................................77
13. Ein gutes Geheimnis ...................................................... 82
14. Wo ist der Weihnachtsmann? ..................................... 89
15. Er ist verschwunden! ..................................................... 94
16. Das Haus des Weihnachtsmannes ..........................100
17. Im Zuckerstangen-Wald ............................................... 104
18. Tee mit dem Weihnachtsmann ..................................110
19. Eine Huskyschlittenfahrt ............................................ 115
20. Abschied von der magischen Weihnachtsbäckerei 118
21. Heiligabend .......................................................................124
Magische Backrezepte ........................................................ 130

## Frisch gebackene Plätzchen

Paul stand am Fenster, drückte seine Nase gegen die Scheibe und sah nach draußen. Es hatte immer noch nicht geschneit! Sehnsüchtig beobachtete er die Wolken, die über den grauen Himmel zogen. Keine einzige Schneeflocke fiel aus ihnen herab. Dafür platschten dicke Regentropfen auf die Erde. Genau vor Pauls Fenster hatte sich eine Pfütze im Garten gebildet, die rasch immer größer wurde. Paul seufzte. Im letzten Jahr hatte er mit Papa genau dort einen riesigen Schneemann mit Hut gebaut. Seine Schwester Lena und Mama hatten eine lustige Schneefrau danebengestellt, mit selbst gehäkelten pinken Haaren. Danach waren sie alle zusammen zum Schlittenfahren in den Park gegangen. Paul und Lena waren gemeinsam auf einem Schlitten mit Mama und Papa um die Wette gerodelt. Natürlich hatten die Kinder gewonnen. Sie hatten heißen Pfefferminztee mit Honig aus einer

Thermoskanne getrunken und ihre Hände an den Tassen gewärmt. Trotzdem waren sie alle vier ganz schön durchgefroren gewesen, als sie später wieder zu Hause angekommen waren. Da hatte Mama den Kamin angeheizt, sie hatten Maronen im Feuer geröstet und Weihnachtsmusik gehört.

Wie schön das gewesen war! Und wie anders als dieses Jahr, in dem das Wetter kein bisschen weihnachtlich war. Dabei war morgen schon Heiligabend!

Enttäuscht schlüpfte Paul in seine Hausschuhe und ging aus dem Zimmer.

An der Treppe blieb er kurz stehen. Der Duft von frisch gebackenen Plätzchen stieg ihm in die Nase. Er hörte klapperndes Geschirr, ein Weihnachtslied, das im Radio lief und seine Mutter, die leise mitsummte. Paul runzelte die Stirn, lief die Stufen hinunter und linste vorsichtig in die Küche. Lena saß mit einer großen Tasse dampfendem Kakao am Tisch und lachte. Paul wusste genau, warum sie so fröhlich war: Heute war ihr

erster Ferientag! Er selbst war gerade erst sechs Jahre alt geworden und ging noch nicht in die Schule. Lena dagegen war schon neun und in der vierten Klasse. Gestern hatte sie noch lautstark verkündet, jeden Morgen ganz lange zu schlafen, aber jetzt war sie doch schon vor ihm aufgestanden. Und so wie es aussah, hatten Lena und Mama einfach ohne ihn mit dem Backen angefangen. Wie gemein!

Als Mama Paul sah, lächelte sie und sagte: »Guten Morgen, du Schlafmütze. Die Weihnachtsbäckerei ist eröffnet. Nach dem Frühstück kannst du helfen.«

»Wenn es unbedingt sein muss«, sagte Paul brummig und blieb unschlüssig in der Tür stehen. Der Ofen lief schon auf Hochtouren, und ein köstlicher Duft nach Vanille und Butter drang heraus. Das war doppelt gemein: Ausgerechnet seine Lieblingsplätzchen hatten Lena und Mama schon gebacken! Dabei hatte er sich so darauf gefreut, mit Mama den Teig herzustellen. Er liebte es, mit den Händen die Zutaten zu verkneten. Ganz im Gegensatz zu Lena. Die jaulte immer rum, wenn ihre Finger das klitschige Ei im Teig berührten.

»Was ist denn mit dir los?« Mama legte den Kopf schief und betrachtete Paul stirnrunzelnd. »Hast du keine Lust?«

Bevor Paul antworten konnte, verkündete Lena schon gut gelaunt: »Also, ich schon, Mama!«

»Super, wir haben heute jede Menge vor. Ich möchte

unbedingt noch ein neues Rezept ausprobieren.« Mama kam zur Tür, wuschelte Paul durchs Haar und zog ihn sanft in die Küche. »Na komm, du kleiner Brummbär. Das erste Blech habe ich ohne euch gebacken. Ich wollte, dass der Duft von Vanillekipferl dich weckt. Die magst du doch so gern.« Sie öffnete die Ofentür. Sofort quoll eine Duftwolke heraus. »Riechen sie nicht himmlisch? Sie sind gerade fertig geworden.«

Paul schnupperte. Ja, es roch wirklich gut! Und außerdem hatte Lena gar nicht geholfen, Mama hatte seine Lieblingsplätzchen allein gebacken. Für ihn. Jetzt lächelte Paul doch.

»Darf ich probieren?«, fragte er, nachdem Mama das Blech mithilfe von Backhandschuhen aus dem Ofen gezogen hatte.

»Gleich. Sie sind noch zu warm. Außerdem müssen wir sie zuerst in Puderzucker wälzen«, antwortete Mama.

»Das mach ich!«, entschied Paul.

»Möchtest du nicht vorher etwas frühstücken?«, fragte Mama. »Müsli oder lieber Brot?«

Doch Paul lief schon zur Arbeitsplatte, wo Mama alle Backutensilien bereitgelegt hatte. Mit Puderzucker kannte er sich aus. Der musste durch ein feinmaschiges Sieb in eine große Schüssel gesiebt werden, damit keine Klümpchen darin landeten. Danach mussten die Kipferl sehr behutsam in dem Zucker hin und her bewegt werden. Sie waren sehr mürbe, wenn sie noch warm waren. Und sie zerbrachen leicht, wenn man nicht aufpasste. Das hatte Mama ihm beigebracht, und er hatte sich alles ganz genau gemerkt. Gut gelaunt gab Paul gleich die ganze Packung Puderzucker in das Sieb, rüttelte vorsichtig daran und sah dabei zu, wie der süße weiße Staub in die Schüssel rieselte.

Und das erinnerte ihn an ...

»Hoffentlich schneit es bald«, überlegte er laut. »Sonst kommt der Weihnachtsmann doch nicht.«

Am Tisch verschluckte Lena sich an ihrem Kakao, hustete und fing dann an zu kichern.

Mama schüttelte lächelnd den Kopf. »Wie kommst du denn darauf, Paul? Der Weihnachtsmann besucht uns doch jedes Jahr, ganz egal, welches Wetter wir haben.« Sie sah zum Fenster. »Wobei ein Weihnachtsfest in Weiß natürlich schöner wäre. Aber das können wir diesmal wohl vergessen, dafür ist es momentan leider viel zu warm. Wisst ihr was? Wir machen einfach das Beste daraus und lassen uns die Weihnachtsstimmung nicht verderben.«

Wie auf Kommando spielte das Radio *Leise rieselt der Schnee*. Mama stellte den Ton lauter. »Da habe ich ja genau das richtige Rezept für heute ausgesucht. Wenn die Kipferl fertig sind, backen wir Schneeflöckchen.«

»Für den Weihnachtsmann«, feixte Lena.

Paul warf seiner Schwester einen vernichtenden Blick zu. Lena hatte es mal wieder geschafft! Sie hatte ihn reingelegt. Dabei war es ihm gleich komisch vorgekommen, als sie gestern behauptet hatte, dass der Weihnachtsmann die Geschenke nur bringen würde, wenn Schnee lag. Aber dann hatte er ihr doch geglaubt. Lena konnte flunkern, ohne dabei mit der Wimper zu zucken oder rot zu werden.

»Der Weihnachtsmann kommt ganz bestimmt, mach dir keine Sorgen, Paul«, versicherte Mama noch einmal. »Er hat uns an Heiligabend noch nie vergessen.« Sie blickte wieder zum Fenster. »Von dem ollen Regen lässt er sich nicht abhalten! Und wir auch nicht!«

»Genau, Mama!«, sagte Lena. Und dann summte sie das Lied, das immer noch im Radio zu hören war, und grinste Paul dabei an: *Leise rieselt der Schnee ...*

*Das zahle ich ihr heim,* nahm Paul sich vor. *Das gibt Rache!*

Aber all das war vergessen, nachdem er sich das erste fertige Vanillekipferl in den Mund gesteckt hatte. Es war noch lauwarm und schmeckte unglaublich lecker.

## Weihnachtssternwünsche

Am Nachmittag fuhr Papa mit Paul und Lena zu Oma Gertrud, um wie jedes Jahr am dreiundzwanzigsten Dezember gemeinsam den Weihnachtsbaum zu schmücken. Paul durfte zum ersten Mal allein den Stern an die Baumspitze stecken.

»Dabei kannst du dir etwas wünschen, Paul«, erklärte Oma.

Paul musste gar nicht lange nachdenken. Er stellte sich auf die kleine Trittleiter, schob stolz den silbernen Glitzerstern auf die Tannenspitze und schloss für einen kurzen Moment die Augen. *Schnee! Ich wünsche mir, dass es morgen schneit,* sagte er – aber natürlich nur in seinen Gedanken, sodass es niemand hören konnte, schon gar nicht Lena. Paul fand nämlich, dass seine Mutter recht hatte: Mit Schnee wäre Weihnachten perfekt!

Nachdem sie die Lichterkette am Baum angeknipst, ihr

Werk ausgiebig bewundert und es sich auf dem Sofa vor dem geschmückten Baum gemütlich gemacht hatten, verabschiedete Papa sich. »Viel Spaß euch beiden«, sagte er. »Oder besser gesagt euch dreien.«

Paul und Lena würden heute Nacht bei Oma schlafen. Das hatte Tradition: Der dreiundzwanzigste Dezember gehörte Oma und ihnen. Während sie mit Oma Gertrud spielten, die schönsten Weihnachtsfilme anschauten und dabei jede Menge Leckereien naschten, brachten Mama und Papa zu Hause die Zimmer auf Vordermann. Alles sollte picobello sauber sein, damit der Weihnachtsmann am Ende die Geschenke nicht wieder mitnahm.

In der Tür blieb Papa noch einmal stehen. »Und vertragt euch bitte«, sagte er mit strenger Stimme.

»Immer, Papa«, flötete Lena. »Weißt du doch.«

Paul sagte dazu nichts. An ihm lag es nicht, dass Lena und er sich so oft stritten. Na ja, zumindest war sie meistens diejenige, die anfing. Manchmal juckte es allerdings auch ihn in den Fingern, seine ältere Schwester ein bisschen zu ärgern.

Er naschte eine kleine Schneeflocke von dem Plätzchenteller, den sie zu Oma mitgebracht hatten, und warf Lena einen Blick zu. Dabei fiel ihm wieder ein, dass er eigentlich noch sauer auf sie war wegen der Schneesache von heute Morgen.

»Was guckst du so?«, fragte Lena prompt.

»Ich habe gerade überlegt, dass ich mir besser gewünscht hätte, dass du dieses Jahr keine Geschenke bekommst«, flunkerte Paul.

Lena fixierte ihn mit zusammengekniffenen Augen, sagte aber kein Wort. Das war kein gutes Zeichen. Sie schmiedete gerade einen Plan, wie sie sich für seine Bemerkung rächen könnte, da war Paul sich sicher.

Und da flog auch schon ein kleines blaues Sofakissen auf ihn zu. Aber Paul war geschickt. Er fing es und schleuderte das Kissen zurück.

»Na warte!« Lena funkelte ihn an. Und schon war eine wilde Kissenschlacht im Gange.

Paul war zwar jünger und einen ganz Kopf kleiner, aber mindestens genauso stark wie seine Schwester. Er konnte sich gut wehren. Und er zielte eindeutig besser als Lena. Dafür kämpfte die mit anderen Mitteln. Zack! Sie schmiss zwei Kissen gleichzeitig auf Paul.

Aber davon kam nur das eine bei ihm an. Das andere landete auf dem Tablett, das Oma gerade ins Wohnzimmer trug. Rumms! Alle drei Tassen krachten auf den Boden.

»Ach herrje!«, sagte Oma und sah dabei zu, wie sich eine große Teepfütze zwischen den Porzellanscherben ausbreitete.

»Tut mir leid, Oma. Aber Paul ist schuld. Er hat angefangen«, verteidigte Lena sich sofort. »Er hat sich gewünscht, dass ich dieses Jahr keine Geschenke bekomme.«

»Das stimmt doch so gar nicht!«, rief Paul. »Du bist echt gemein, Lena! Ich hab mir gewünscht, dass …« Schnell hielt er sich die Hand vor den Mund. Weihnachtssternwünsche durfte man nicht verraten, sonst gingen sie nicht in Erfüllung. So wie bei Sternschnuppen.

Oma sah erst zu Paul und dann zu Lena. »Ist ja nichts weiter passiert. Gut, dass ich im letzten Jahr den Teppichboden gegen Fliesen getauscht habe. Den Tee können wir einfach aufwischen.« Sie ging in die Hocke, um die Scherben aufzusammeln.

»Ich helf dir, Oma«, bot Lena an und klang plötzlich ein bisschen kleinlaut. Bestimmt hatte sie jetzt ein schlechtes Gewissen.

Doch Oma schüttelte den Kopf. »Ihr beiden bleibt besser auf euren Plätzen sitzen, damit ihr euch nicht noch verletzt.« Ein Lächeln huschte über ihr Gesicht. »Wer weiß, vielleicht bringt mir der Weihnachtsmann morgen ja ein paar neue Tassen vorbei.«

Paul lächelte zurück. Oma war so was von cool! Sie brachte so schnell nichts aus der Ruhe. Und sie schimpfte nie.

»Ich schreibe noch einen Wunschzettel, Oma«, erklärte er. »Vielleicht liest der Weihnachtsmann ihn noch rechtzeitig, bevor er morgen Abend kommt.«

»Du kannst doch noch gar nicht schreiben.« Lena zog die Augenbrauen hoch.

»Aber ich kann drei Tassen malen«, konterte Paul. »Und Oma schreibt sich O – M – A. Das Wort kann ich schon.«

Lena grinste breit. »Das Baby glaubt noch an den Weihnachtsmann! Denkst du echt, dass ein Mann mit rotem Anzug und weißem Bart die Geschenke bringt? Überleg doch mal, Paul. Was meinst du denn, warum Mama und Papa in der letzten Zeit so geheimnisvoll getan haben? Und warum wir ausgerechnet heute bei Oma übernachten.«

Erneut huschte ein warmes Lächeln über Omas Gesicht. »Also, ich glaube an den Weihnachtsmann«, sagte sie bestimmt. »So wie ich an die Liebe glaube und auch an andere Dinge, die man nicht sehen kann.«

Paul nickte fest. Natürlich hatte er schon mitbekommen, dass Mama und Papa mit dem Weihnachtsmann unter einer Decke steckten. So klein war er schließlich auch nicht mehr. Aber trotzdem war da so ein Gefühl in ihm ...

»Woher willst du eigentlich so genau wissen, dass es den Weihnachtsmann nicht gibt, Lena?«, fragte Paul.

Seine Schwester setzte ihr Besserwisser-Gesicht auf. »Weil ich rausgefunden habe, wo Mama und Papa die Geschenke verstecken! Mal sehen – vielleicht verrate ich es dir.«

Paul brauchte einen Moment, um darüber nachzudenken. Schließlich sagte er: »Nein. Mir ist nämlich egal, wo sie sind. Und wie sie unter den Baum kommen, will ich auch nicht wissen.« Er legte die Hand auf sein Herz. »Ich glaube an den Weihnachtsmann. So wie Oma.«

# Glockenläuten in der Nacht

Mitten in der Nacht wachte Paul plötzlich auf. Er schlief mit Lena in Papas altem Kinderzimmer unter dem Dach. Oma hatte zwei Betten für sie hineingestellt. Lena hatte sich für das Bett neben dem Schrank entschieden. So konnte Oma sie nicht sofort sehen, wenn sie ins Zimmer kam. Lena knipste nämlich abends gern ihre Taschenlampe an und las heimlich unter der Bettdecke, auch wenn es schon spät war und Oma ihnen längst gute Nacht gesagt hatte.

Jetzt schlummerte Lena allerdings schon tief und fest. Aber Paul konnte nicht wieder einschlafen. Er grübelte, und dachte darüber nach, warum es immer noch nicht geschneit hatte. Er zerbrach sich den Kopf darüber, dass Lena nicht an den Weihnachtsmann glaubte, Oma aber schon. Und dann überlegte er, ob der Wunschzettel, den er extra noch für Oma gemalt hatte, wohl rechtzeitig ankommen würde. Heimlich hatte er ihn aus dem Fenster gehalten und vom Wind davontragen lassen. Frederik, ein Junge aus dem Kindergarten, machte das auch immer so. Und es funktionierte. Vorsichtshalber hatte Paul vier Tassen auf den Wunschzettel gemalt, dann hatte Oma gleich Ersatz, falls noch mal eine kaputtging. Und dann waren da natürlich auch noch Pauls eigene Wünsche, an die er mitten in der Nacht denken musste. Oder besser gesagt der EINE Wunsch. Paul hatte nur ein einziges Bild auf seinen Wunschzettel gemalt: ein Teleskop. Das war ein Fernrohr, mit dem er in den Himmel und bis nach oben zu den Sternen gucken wollte. Später, wenn Paul erwachsen war, wollte er Astronaut werden und auf dem Mond spazieren gehen. Der hing heute als Sichel am Himmel, die wie ein Vanillekipferl aussah. Das konnte Paul ganz genau sehen. Sein Bett stand nämlich direkt unter dem Fenster. Paul liebte das! In seinem Zimmer zu Hause leuchtete die ganze Nacht ein kleines Nachtlicht, weil er sich ein bisschen fürchtete, wenn es zu dunkel war. Aber bei Oma brauchte er das gar nicht. Lena war bei ihm. Und außerdem funkelten direkt über ihm unzählige helle Sterne. Wie viele es wohl waren?

»Eins, zwei, drei, vier …« Lena hatte ihm zählen beigebracht, er schaffte es sogar schon bis hundert! Seine Schwester hatte auch ihre guten Seiten, sie konnte richtig

nett sein – wenn sie wollte. »Fünf, sechs, sieben ...«, zählte Paul flüsternd, um Lena nicht zu wecken.

Gerade als er bei Stern Nummer vierundzwanzig angekommen war, hörte er plötzlich ein leises Läuten. Überrascht hielt er inne und lauschte. Woher war das Geräusch gekommen? Oder hatte er es sich nur eingebildet?

Nein, da war es wieder!

Irgendwo draußen läuteten Glocken, Paul war ganz sicher.

Er setzte sich auf, drückte seine Nase an die Scheibe und spähte hinaus. Die Lichter in den festlich geschmückten Fenstern der Nachbarhäuser verliehen der Nacht einen weihnachtlichen Glanz. Am Himmel funkelten die Sterne. Aber was war das? Paul kniff die Augen zusammen. In der Ferne glomm ein sehr ungewöhnliches Licht, es leuchtete auf und wurde dann wieder etwas schwächer, während es näher zu kommen schien. War es eine Sternschnuppe? Das wäre gut, dann könnte er sich noch einmal Schnee wünschen. Doppelt gemoppelt hält besser!

Allerdings tauchten Sternschnuppen ja eigentlich immer nur kurz am Himmel auf und verschwanden genauso schnell wieder. Das seltsame Licht war aber noch da.

Vielleicht waren es die Lampen eines Flugzeugs? Nein, Paul schüttelte den Kopf, die waren weiß, manchmal auch rot oder orange. Nicht aber grün, so wie dieses geheimnisvolle Leuchten, das weiterhin immer näher kam. Er kniff die Augen zusammen und versuchte noch etwas genauer hinzusehen. Das Licht war rund, in der Mitte etwas dunkler, und es ließ den Himmel drumherum in einem blassen Grün erstrahlen.

Pauls Herz klopfte vor Aufregung. Irgendetwas sehr Ungewöhnliches ging da am Nachthimmel vor sich, das fühlte er. Er hielt den Atem an. Noch immer war das feine Läuten von Glocken zu hören und jetzt auch noch etwas anderes. Es klang wie leiser Gesang. Moment mal! Das war doch nicht etwa …?

So schnell er konnte, kletterte Paul aus seinem Bett und lief zu seiner Schwester. Lena schlief noch immer tief und fest und hatte nichts von dem, was in den letzten Minuten vor dem Fenster passiert war, mitbekommen.

»Pst!«, machte Paul.

Doch Lena rührte sich nicht.

»Lena!« Paul legte seine Hand auf Lenas Schulter. »Du musst aufwachen.«

»Was ist?«, brummte sie endlich und rieb sich verschlafen die Augen.

»Draußen passiert etwas Komisches«, flüsterte Paul. »Ich glaube, da kommt der Weihnachtsmann.«

Lena seufzte genervt. »Oh, Mann, Paul, hast du es immer noch nicht kapiert?« Sie setzte sich im Bett auf. »Den gibt es nicht!«

»Und wenn doch?«, fragte Paul vorsichtig.

»Dann wäre er einen Tag zu früh unterwegs. Heute ist erst der dreiundzwanzigste. Und wie du weißt, kommt er am vierundzwanzigsten, und zwar immer genau um sechs Uhr abends.« Sie ließ sich wieder ins Kissen zurücksinken. »Ich bin müde, lass mich schlafen!«

»Das musst du dir aber unbedingt anschauen!« Paul ließ nicht locker, er griff nach der Hand seiner Schwester, um sie aus dem Bett zu ziehen. »Da ist ein grünes Licht am Himmel. Bitte, Lena! Das stimmt wirklich.« Er überlegte fieberhaft, wie er sie überzeugen konnte. »Das schwöre ich – bei meinen Weihnachtsgeschenken!«

»Na gut.« Sie gähnte. »Vielleicht hast du ja nur geträumt.«

Endlich stand Lena auf und ließ sich von Paul zum Fenster ziehen.

»Da!« Paul zeigte in den Himmel. Das Licht war noch einmal näher gekommen. »Das meinte ich. Was ist das bloß?«

»Wow!« Lena drückte Pauls Hand und starrte mit offenem Mund nach draußen. »Ich habe plötzlich Gänsehaut!«, sagte sie leise.

»Ich auch. Überall!« Paul schob einen Ärmel seines Schlafanzugoberteils ein Stück hoch und hielt Lena zum Beweis den Arm hin. »Guck!«

Aber Lena starrte weiter zum Fenster hinaus. »Hörst du das?«, fragte sie.

Paul nickte. Er war sich auf einmal ganz sicher: »Das ist bestimmt der Weihnachtsmann«, sagte er leise.

»Ach, Paul.« Lena seufzte. Aber diesmal klang sie etwas

netter dabei. »Tut mir echt leid, aber den gibt es wirklich nicht.« Gebannt folgten ihre Augen dem Licht. »Was das wohl ist?«

»Lass uns nachschauen«, schlug Paul vor und war schon auf dem Weg zur Tür.

»Warte!« Lena überlegte einen Moment. »Na gut, aber ganz leise, Oma soll nicht wach werden. Und du ziehst eine Jacke und Schuhe an, damit du dich nicht erkältest.«

Paul grinste. Manchmal war Lena wie Mama. Wenn es darauf ankam, passte seine große Schwester auf ihn auf.

»Okay, abgemacht. Aber wir müssen uns beeilen.« Paul zog seine Stiefel an, wobei er aus Zeitgründen auf die Socken verzichtete. Dann griff er nach seiner dunkelblauen Jacke, die über dem Stuhl hing. An den Ärmeln waren silberne Streifen angebracht, die leuchteten, wenn im Dunkeln Licht darauf fiel. Lena schlüpfte in ihre flauschige Lieblingsteddyjacke und Turnschuhe. Auch sie hatte die Socken weggelassen. Hand in Hand schlichen sie leise die Treppe hinunter.

## Rudolph mit der grünen Nase

Lena nahm den Haustürschlüssel von der Kommode und steckte ihn in die Jackentasche. »Damit wir gleich wieder reinkommen.« Sie öffnete die Tür und verschwand nach draußen.

Paul zögerte. Plötzlich war er unsicher. Was, wenn er unrecht hatte? Wenn da irgendwelche anderen Wesen kamen, die Schabernack mit ihnen treiben wollten? Kobolde zum Beispiel oder irgendwelche Geister.

Lena steckte den Kopf durch die Tür und lächelte ihn an. »Komm schon!«

Paul nahm all seinen Mut zusammen, straffte die Schultern und folgte seiner Schwester hinaus auf die Wiese, die sich gleich vor Oma Getruds Haus erstreckte. Dort legten sie beide ihre Köpfe in den Nacken und blickten in den Himmel.

»Das Licht, es kommt näher und näher!«, stellte Paul ehrfürchtig fest. Erneut bildete sich eine leichte Gänsehaut auf seinem Körper.

Und auch Lena starrte gebannt nach oben. »Wenn ich das meinen Freundinnen erzähle ...«

Paul rückte ein Stückchen näher an seine Schwester heran. Das grüne Licht wurde immer intensiver und verlieh der menschenleeren Straße vor ihnen eine gespenstische Atmosphäre. Das Läuten der Glocken wurde plötzlich so laut, dass Lena sich ihre Hände schützend über die Ohren legte. Und dann ging alles ganz schnell: Irgendetwas, oder irgendjemand schien direkt auf Paul und Lena zuzufliegen. Paul krallte sich an Lenas Ärmel fest.

»Pass auf!«, rief Lena und zog ihren Bruder hastig zur Seite. »Ach du dickes Ei!«

Aber es war kein Ei, das da plötzlich vor ihnen stand. Vor Paul und Lena war tatsächlich ein riesiger Rentierschlitten gelandet.

Die Rentiere schnaubten. Durch ihren heißen Atem bildeten sich immer wieder kleine Wölkchen vor ihren Nasen. Aufgeregt scharrten sie mit den Hufen.

Paul traute seinen Augen kaum. Mit offenem Mund stand er da, wagte nicht, etwas zu sagen, stattdessen betrachtete er die Tiere ehrfürchtig. Schon oft hatte er sich ausgemalt, wie es wohl sein würde, den Weihnachtsmann höchstpersönlich zu treffen. Aber konnte das sein? War das, was da vor ihm stand, wirklich der Weihnachtsschlitten?

In Gedanken ging Paul schnell die Namen der Rentiere des Weihnachtsmannes durch. *Dasher, Dancer, Prancer, Vixen, Comet, Cupid, Donner, Blitzen, Rudolph.* Alle waren sie da, auch wenn Rudolph ein bisschen komisch aussah. Seine Nase leuchtete nämlich nicht rot, sie war grün. Das war also das seltsame Licht am Himmel gewesen.

Rudolph erwiderte Pauls aufmerksamen Blick. Er schnaubte und schien ihm zuzunicken. Vorsichtig ging Paul einen Schritt auf das Rentier zu und streckte die Hand aus. Rudolph schnupperte kurz und drückte dann seinen warmen Kopf gegen Pauls Hand.

»Hallo Rudolph«, sagte Paul leise und streichelte das majestätische Tier sanft. Rentiere waren viel größer, als er gedacht hatte.

Lena stand noch immer wie angewurzelt da. »Paul, komm lieber wieder zurück!«, sagte sie.

»Aber warum denn?«, fragte Paul. Jetzt hatte er keine

Angst mehr. Er hatte recht gehabt. Den Weihnachtsmann gab es wirklich. Immerhin war er mit seinem Schlitten mitten in Omas Vorgarten gelandet. »Das ist doch nur Rudolph, er tut uns nichts.«

Lena legte den Kopf schief, das machte sie immer, wenn sie nachdachte. Genau wie Mama. »Aber wer hat den Schlitten eigentlich gelenkt?«, flüsterte sie.

»Na, bestimmt der Weihnachtsmann«, sagte Paul.

»Und wo ist er? Im Schlitten ist niemand«, stellte Lena fest.

Paul sah sich um. Lena hatte recht. Vom Weihnachtsmann war weit und breit keine Spur zu sehen. Dafür zeigte sich der pompöse Schlitten des Weihnachtsmannes in voller Pracht. Das magische Gefährt sah ganz anders aus, als Paul es aus seinen Bilderbüchern und Geschichten kannte. Es war mehr eine Kutsche als ein Schlitten. Eine weinrote Kutsche, mit geschwungenen Kufen aus sauber poliertem Gold. Sie sah aus, als wäre sie für einen Riesen gemacht worden. Paul kam sich winzig klein daneben vor. Paul und

Lena gingen ein Stückchen näher an die Kufen-Kutsche heran und bewunderten die vielen kleinen Verzierungen, die mit großer Sorgfalt an die Wände gemalt waren. Paul entdeckte Zuckerstangen, Lebkuchenmännchen, Mistelzweige und Christbaumkugeln. Sie sahen hübsch aus, fand er. Neugierig linste er in Richtung der Tür des Schlittens, die einen Spaltbreit offen stand.

Da ertönte plötzlich ein leises »Hilfe!« aus dem Inneren.
»Hast du das auch gehört?«, fragte Paul.
Anstatt zu antworten, kletterte Lena die kleine Trittleiter hoch, die zur Schlittentür führte, und schob sie auf.
Paul folgte ihr ohne zu zögern.
»Von innen wirkt er ja noch viel größer!« Staunend schaute Paul sich in dem mächtigen Holzschlitten um. Es gab zwei rote, hintereinanderstehende Bänke, gleich hinter einem bequemen Sessel für denjenigen, der die Kutsche lenkte. Sie waren jeweils mit einem flauschigweißen Sitzkissen und kuscheligen Decken bestückt.
Die Kutsche war nach vorne hin offen, ein wenig wie bei einem Heuwagen. Nur viel schmuckvoller natürlich. Sie sah aus, als wäre sie frisch aus einem Märchen geklaut worden. Unzählige, kunstvoll aufgemalte kleine Schneeflocken zierten die Innenwände. Direkt neben den Sitzbänken befanden sich runde Fenster, wie Bullaugen in einem riesigen Schiff, durch die man auf den Ozean gucken konnte. Nur, dass da kein Meer war, sondern Omas Vorgarten.

»Hilfe«, ertönte in diesem Moment erneut eine Stimme, diesmal etwas lauter. Und wieder: »Hilfe!«

»Ich glaube, es kommt von dort.« Lena zeigte in den hinteren Bereich des Schlittens, wo sich eine breite Ladefläche befand.

Darauf lag nur ein riesiger, brauner Jutesack. Doch plötzlich schien sich genau dieser Sack zu bewegen. »Jetzt lasst mich doch endlich raus«, schimpfte jemand ziemlich ungeduldig.

»Wer war das denn?«, fragte Paul, krabbelte in den hinteren Teil des Schlittens und zog entschlossen an den Enden der großen Schleife, mit der der Sack zugebunden war. Aber sie saß bombenfest.

Da war Lena auch schon bei ihm. »Gemeinsam schaffen wir das«, sagte sie und begann den Knoten zu lösen. Lena war geschickt, es dauerte nur einen kurzen Augenblick, bis der mächtige Sack offen war.

»Hallo, wer ist denn da?« Lena lugte ins Innere. »Oh! Lauter Geschenke!«, entfuhr es ihr.

»Dann ist das bestimmt ... Das ist der Sack des Weihnachtsmannes«, flüsterte Paul ehrfürchtig.

## Die Elfen-Chefin Fiora

Wieder bewegte sich der Sack, es raschelte und knisterte. Gebannt schauten Paul und Lena auf die bunt eingewickelten Päckchen, die darin durcheinanderpurzelten.

»Ha! Natürlich ist das der Sack des Weihnachtsmannes, was habt ihr denn gedacht?« Plötzlich tauchte zwischen den Geschenken ein weißer Bommel auf. Immer weiter drückte er sich nach oben, bis schließlich eine Mütze und darunter ein Kopf, Arme und dann der Rest eines kleinen Wesens erschienen. Paul staunte. Mit dem feinen Gesicht, den großen grünen Augen und den etwas spitzen Ohren sah das Wesen aus wie eine Mischung aus einer kleinen Frau und einer Fee und war fast so groß wie eine Barbiepuppe. Sie trug ein rotes Kleid aus schimmerndem Samt, unter der roten Zipfelmütze mit dem weißen Bommel lugten lange blonde Haare hervor.

Eine Mini-Weihnachtsfrau? Paul klappte die Kinnlade herunter. Und auch Lena sagte kein Wort. Was so gar nicht zu ihr passte.

»Ihr hättet mir ruhig mal helfen können.« Die kleine Weihnachtsfrau strich sich mit den Händen ihr Kleid glatt.

Lena fand zuerst ihre Stimme wieder. »Haben wir doch«, erklärte sie.

»Stimmt. Tut mir leid.« Die Frau stieß einen tiefen Seufzer aus.

»Was ist denn passiert?«, fragte Paul. »Hat dich jemand im Sack eingesperrt?«

»Natürlich nicht, so etwas würde niemand wagen!«, antwortete die kleine Frau. Sie räusperte sich. »Wobei mir das fast lieber wäre, wenn ich so darüber nachdenke. Ich bin nämlich bei der Geschenkeinspektion hineingefallen und habe mich im Geschenkband verheddert. Deswegen kam ich nicht schnell genug wieder aus dem Sack heraus. Das sollte der Weihnachtsmann im nächsten Jahr unbedingt ändern. Der Sack ist so was von gefährlich! Das blöde Ding bindet sich, kaum sind alle Geschenke drinnen, von selbst wieder zu, damit nichts rausfallen kann.« Sie lächelte verlegen und wurde ein bisschen rot. »Das bleibt aber unter uns, ja? Es wäre mir sehr peinlich, wenn davon jemand erfahren würde.«

»Klar.« Paul nickte ernst und sah sich um. »Wo ist denn eigentlich der Weihnachtsmann?«

Die kleine Gestalt warf schwungvoll das blonde Haar

über ihre Schultern, wobei zwei goldene Glöckchen klingelten, die sie als Ohrringe trug. »Der ist am Nordpol geblieben. Aber ich bin hier. Zum Glück hatte ich Rudolph schon mit den Wegweisesternen gefüttert, bevor ich in den Sack geplumpst bin. Er hat uns sicher zu euch gebracht.« Sie drehte sich einmal im Kreis und verbeugte sich. »Hallo Lena, hallo Paul.«

»Du kennst unsere Namen?«, fragte Lena überrascht.

»Natürlich, ich bin Fiora, die Elfen-Chefin.« Sie breitete zwei feine, schimmernde Flügel aus, die sie bis jetzt hinter dem Kleid versteckt hatte.

»Oh!«, entfuhr es Paul.

»Ich kenne die Namen aller Kinder auf der Welt, liebe Lena.«

»Ach so.« Lena rieb sich die Nase. Paul wusste, was das bedeutete: Bestimmt überlegte Lena gerade, ob das wirklich alles passierte oder ob sie einfach nur in ihrem Bett lag und träumte. Aber für ihn stand es längst fest: Fiora war nicht nur wunderschön, sie war echt! Eine echte Elfen-Chefin in einem echten Rentierschlitten. Aber warum war sie ausgerechnet in Omas Vorgarten gelandet?

Er wollte gerade nachfragen, da kam ihm Fiora zuvor.

»Wir dürfen keine Zeit verlieren, meine Lieben. Paul, Lena, der Weihnachtsmann braucht eure Hilfe. Weihnachten ist in Gefahr!«, sagte sie mit ernster Stimme.

Paul riss die Augen auf. Hatte er sich gerade verhört? Das konnte unmöglich sein! »Etwa, weil es bisher noch

nicht geschneit hat?«, fragte er und warf Lena einen langen Blick zu.

»Nein, das Wetter hat damit nichts zu tun«, erklärte Fiora. »Aber der Ofen in der magischen Weihnachtsbäckerei funktioniert nicht mehr. Ohne den magischen Ofen können wir nicht backen. Und ohne das magische Gebäck weiß der Weihnachtsmann nicht, wohin er die Geschenke bringen soll.«

»Magisches Gebäck?« Lena schüttelte skeptisch den Kopf. »Davon habe ich noch nie gehört.«

»Ach, und wieso habt ihr dann heute Morgen welches gebacken?«, wollte Fiora wissen.

»Das waren doch ganz einfache Vanillekipferl.« Lena zog die Schultern hoch.

»Und Schneeflocken«, fügte Paul hinzu.

»Und wie habt ihr euch gefühlt, nachdem ihr sie gegessen habt?«, hakte Fiora nach.

Lena kratzte sich am Kopf und dachte nach. »Gut«, antwortete sie schließlich.

Fiora nickte. »Na also, da haben wir's! Eure Plätzchen sorgen für gute Gefühle. Ihr habt Vorfreudeplätzchen gebacken. Die sind sogar besonders magisch.« Sie stemmte ihre Hände in die Hüften. »Genug geplaudert. Was ist jetzt? Helft ihr uns?«

»Aber was können wir denn ausrichten?«, fragte Lena. »Wir sind doch nur Kinder.«

Fiora japste nach Luft. »Nur Kinder? Ihr könnt euch gar nicht vorstellen, welche Wunder ihr mit euren aufrichtigen Herzen vollbringen könnt. Paul, Lena, ich wäre nicht hier, wenn es nicht ernst wäre. Ist das Feuer des magischen Backofens erloschen, kann es nur durch die Kinderhände von liebenden Geschwistern neu entfacht werden.

Deswegen bin ich bei euch. Also – würdet ihr mich jetzt bitte, bitte begleiten und uns dabei helfen, das Weihnachtsfest zu retten?«

»Natürlich kommen wir mit! Ist doch klar!«, platzte es aus Paul heraus. Er strahlte bis über beide Ohren, kletterte auf eine der Bänke und kuschelte sich in eine warme Decke. »Komm schon, Lena. Du hast doch gehört, was Fiora eben gesagt hat. Der Weihnachtsmann braucht uns.«

»Und was ist mit Oma?«, fragte Lena skeptisch. »Sie macht sich bestimmt Sorgen, wenn wir einfach so verschwinden.«

»Keine Angst, ihr seid zurück, bevor eure Oma merkt, dass ihr überhaupt weggewesen seid. Am Nordpol laufen die Uhren ein bisschen anders.« Fiora zwinkerte ihnen zu. Dann holte sie eine dunkelgrüne Brille aus der Tasche ihres Kleides. Die Brille war mit goldenen Steinchen besetzt, und die Enden liefen spitz zu, so wie Fioras Ohren. Die Elfen-Chefin setzte sie sich auf die Nase, blinzelte ein paar Mal, schaute Lena einen Moment lang nachdenklich an und lächelte. »Es ist schön, dass du solche Gedanken hast, Lena. Das zeigt mir, dass wir die richtige Wahl mit euch beiden getroffen haben. Ich gebe dir mein weihnachtliches Versprechen, dass ihr zurück seid, bevor eure Oma euch morgen wecken wird.«

»Okay!«, sagte Lena mit entschlossener Stimme und nickte. »Abgemacht!« Sie setzte sich neben Paul, legte ihren Arm um seine Schultern und zog ihn ganz nah an sich. »Ich kann doch meinen kleinen Bruder nicht allein zum Weihnachtsmann reisen lassen.«

Paul drückte sich fest an seine Schwester. Das Weihnachtsfest war in Gefahr. Aber Lena und er konnten es retten, das spürte er tief in seinem Inneren.

## Mit dem Schlitten durch die Nacht

»Dasher, Dancer, Prancer, Vixen, Comet, Cupid, Donner, Blitzen, Rudolph, los geht's! Wir fliegen zurück in die Weihnachtsbäckerei!«, rief Fiora den Rentieren zu. Sie setzte sich in den Sessel vor Paul und Lena und zog einen kleinen Stoffbeutel aus der Tasche ihres Kleides. »Aber vorher bekommt ihr noch eine Stärkung.«

»Wegweisesterne?«, fragte Paul.

Fiora schüttelte den Kopf. »Kraftklotze. Willst du mal probieren?«

Neben ihm fing Lena an zu kichern. »Rentiere fressen doch normalerweise Gras und Eicheln und so ein Zeug.«

Fiora schnalzte mit der Zunge und wackelte dabei mit ihrer Nase, was Paul zum Lachen brachte. »Aber doch nicht unsere! Die Weihnachtsrentiere bekommen besonderes Futter. Die Kraftklotze geben ihnen viel Energie. Und außerdem schmecken sie sehr gut.« Sie betrachtete Paul und Lena einen Moment. »Wenn ich es mir genau überlege, solltet ihr beide auch einen essen. Es liegt eine anstrengende Zeit vor euch.«

Paul streckte die Hand aus. »Ich nehme gern einen.«

»Okay«, stimmte auch Lena zu. Dann fing sie wieder an zu kichern. »Jetzt essen wir auch noch Rentierfutter, ich glaub's einfach nicht!«

Die Kraftklotze erinnerten Paul ein wenig an die Müsliriegel, die Mama manchmal backte. Mamas waren natürlich auch gut. Aber diese hier waren so viel besser. Sie schmeckten nach Haferflocken, Honig ... und nach einer anderen Zutat, auf die Paul im Moment nicht kam.

»Lecker, ich mag Zimt«, sagte Lena.

Paul schob sich den letzten Rest seines Kraftklotzes in den Mund. Ob Fiora ihnen vielleicht das Rezept verraten würde?

Kurze Zeit später waren auch die Rentiere versorgt. Aufgeregt scharrten sie mit den Hufen, Aufbruchstimmung machte sich breit. Rudolphs Nase leuchtete einen klitzekleinen Moment rot auf, bevor sie wieder grün wurde. Und dann galoppierten sie auch schon los, hoch hinauf in den Himmel.

Pauls Magen machte einen kleinen Hüpfer, als die Kutsche abhob und in die Luft glitt. Er lachte glücklich. Lena und er saßen wirklich im Schlitten des Weihnachtsmannes!

»Guck mal, Lena. Da unten ist Omas Haus«, rief er aufgeregt und zeigte auf einen winzigen Punkt am Boden.

»Das ist so was von verrückt!« Lena schüttelte den Kopf. »Das glaubt uns niemand!« Sie stupste Paul an. »Kannst du mich mal zwicken, damit ich weiß, dass ich nicht träume?«

»Klar!« Paul kniff Lena so fest er konnte in die Hand.

»Autsch!«, jaulte sie. Und dann fing auch sie laut an zu lachen. »Es ist wahr, Paul!«, jubelte sie, als sie sich wieder etwas beruhigt hatte. »Wir sitzen wirklich in einem Rentierschlitten und fliegen durch die Nacht.«

Fiora räusperte sich. »Rentierschlitten gibt es viele, meine liebe Lena«, erklärte sie mit wichtiger Stimme. »Das hier ist der höchstpersönliche Schlitten des Weihnachtsmannes! Ihr seid die ersten Kinder, die darin mitfahren dürfen.«

»Das ist so was von cool!«, sagte Lena ehrfürchtig.

Und das fand Paul auch.

Der Schlitten glitt fast geräuschlos durch die sternenklare Nacht. Nur ab und an läutete Rudolphs Glöckchen, das um seinen kräftigen Hals gebunden war.

»Was ist denn mit Rudolph los, Fiora? Müsste seine Nase nicht rot leuchten? Oder stimmen die Geschichten in den Büchern nicht?«, fragte Paul. »Ich kenne sogar ein Lied über Rudolphs Nase. Darin ist sie auch rot.«

Rudolph schnaubte laut auf. Als hätte er genau gehört, dass es um ihn ging.

»Doch, das ist alles wahr.« Fiora drehte sich zu Paul

um. »Bei Aufregung leuchtet Rudolphs Nase rot. Aber je nach Stimmungslage verändert sich die Farbe«, erklärte sie. »Wenn Rudolph sauer ist, leuchtet sie blau. Wenn er besonders glücklich ist, färbt seine Nase sich rosa. Und wenn er sich sorgt, so wie jetzt gerade, leuchtet sie grün. Das Weihnachtsfest liegt ihm nämlich sehr am Herzen, musst du wissen.«

»Uns auch!«, versicherte Paul.

»Das stimmt«, pflichtete Lena ihm bei.

Fiora lächelte ihnen zu. »So, und jetzt bitte einmal gut festhalten!«, sagte sie mit energischer Stimme.

Kurz darauf flogen die Rentiere eine scharfe Kurve, um anschließend noch ein bisschen höher in den Himmel zu galoppieren. Plötzlich ruckelte und rumpelte es. Der Rentierschlitten flog mitten durch eine dicke Wolke hindurch.

Lena starrte gebannt aus dem Bullaugenfenster. Dann zog sie an Pauls Jackenärmel und rieb sich die Augen. »Ich glaube, ich drehe langsam durch. Ich sehe kleine Männchen in den Wolken«, flüsterte sie Paul ins Ohr. »Sie tanzen!«

»Ach die, die sehe ich auch«, beruhigte Paul seine Schwester und drückte sein Gesicht etwas fester an das Fensterglas, um die kleinen, dunkelblauen Wesen, die aussahen wie Lebkuchenmännchen aus Wasser, besser sehen zu können.

»Das sind die Regenbringer. Sie wohnen in den Wolken«, erklärte Fiora. »Wenn sie merken, dass eine Wolke zu viel Wasser gesammelt hat, fangen sie an zu tanzen. Manchmal steht der Wind so, dass viele Regenwolken aufeinandertreffen. Wenn das passiert, feiern die Regenbringer miteinander rauschende Feste. Dann kann es bei euch auf der Erde auch mal tagelang durchregnen.«

»So wie jetzt gerade«, sagte Paul. »Es schüttet schon seit Tagen wie aus Eimern!«

»Wie ihr Menschen auf den Vergleich kommt, habe ich noch nie verstanden.« Fiora fing an zu kichern. »Eigentlich müsste es heißen: Die Regenbringer feiern schon seit Tagen ein schüttendes Fest.« Im nächsten Moment wurde sie wieder ernst. »Du hast recht. Es wird Zeit, dass es endlich schneit! Ich weiß doch, dass ihr Menschenkinder jedes Jahr sehnsüchtig auf die kalten weißen Flocken wartet. Aber jetzt gibt es erst einmal Wichtigeres zu erledigen.« Sie schnalzte mit der Zunge. »Geht es noch etwas schneller, Rudolph?«

Das Rentier schnaubte zweimal laut.

»Festhalten!«, rief Fiora. »Rudolph legt den Turbogang ein, und die anderen Rentiere werden ihm folgen. Wir fliegen über die Wolken hinweg, nach ganz oben.«

# Achtung, Himmelstaxis!

Paul und Lena waren nun sehr nah bei den Sternen. Es fühlte sich an, als könnten sie nach ihnen greifen, wenn sie sich nur ganz lang nach rechts und links ausstrecken würden.

»Wow!«, rief Paul und zeigte auf ein helles, über den Himmel zischendes Licht links vom Schlitten. »Was ist das denn?«

Ein verschmitztes Grinsen huschte über Fioras Gesicht. »Das, mein lieber Paul, ist eine Sternschnuppe. Zumindest nennt ihr Menschen sie so. In Wahrheit sind es allerdings viel häufiger Himmelstaxis als echte Sternschnuppen. Wenn sie an Geschwindigkeit gewinnen wollen, stoßen sie weiße Energie aus ihrem Auspuff aus. Das sind die Momente, in denen man auf der Erde glaubt, eine Sternschnuppe zu sehen.«

»Wie bitte? Himmelstaxis?«, fragte Lena und runzelte die Stirn. »Mama hat uns erklärt, dass Sternschnuppen Teile aus dem Weltall sind, die auf dem Weg zur Erde verglühen.«

»Das ist dann der Lichtstrahl der Sternschnuppen, den man sehen kann«, pflichtete Paul ihr bei.

»Die Himmelstaxifahrer fangen das Licht ein und nutzen es als Energie«, erklärte Fiora.

»Und damit sie den Menschen nicht auffallen, sehen sie ganz genauso aus wie Sternschnuppen. Von der Erde aus kann man keinen Unterschied erkennen.«

Lena schüttelte ungläubig den Kopf. »Du nimmst uns jetzt nicht auf den Arm, oder, Fiora?«

»Natürlich nicht. Was habt ihr denn gedacht, wie wir uns hier oben fortbewegen können? Nicht jeder hat einen fliegenden Rentierschlitten.« Fiora lachte kurz auf. »Es gibt sogar Taxis, die bis zur Erde fliegen. Der Nikolaus zum Beispiel, er benutzt auch jedes Jahr eines.«

Lena fing wieder an zu kichern. »Willst du damit etwa sagen, dass es den Nikolaus auch gibt?«

»Aber sicher doch«, antwortete die Elfen-Chefin und lächelte Lena zu. »Vorausgesetzt, dass du daran glaubst. Was ist mit dir, Paul?«

Natürlich glaubte Paul an den Nikolaus. Was denn sonst! Aber bevor er antworten konnte, rauschte eines der gelben Sternschnuppentaxis ganz knapp an ihnen vorbei. Es sah aus wie ein kleines Auto. Das Dach war rund,

Reifen gab es keine. Dafür flitzte es mit Düsenantrieb durch den Nachthimmel. Durch die großen Fenster konnte man prima erkennen, dass ein Mann darin saß, der einen roten Umhang trug.

»Hey! Pass gefälligst auf, wo du hinfliegst, du rücksichtsloser Himmelsraser«, rief Fiora dem Gefährt aufgebracht nach. Sie rückte sich die Brille zurecht, die etwas verrutscht war. »Das war Martin. Auf der Erde reitet er jedes Jahr im November auf seinem Pferd im Schritttempo durch die Straßen und teilt sein Brot mit euch. Hier oben im Himmel fährt er Himmelstaxi und übertreibt es gern mit der Geschwindigkeit.«

»Sankt Martin?«, hakte Paul nach.

»Ja, der Heilige Martin von Tours, den ihr mit einem Laternenzug feiert.«

Lenas Kinnlade klappte nach unten. Paul grinste zufrieden in sich hinein. So verdattert hatte er seine Schwester noch nie gesehen.

Eine Weile flogen sie durch den rabenschwarzen Nachthimmel und spähten aus den Fenstern. Die Himmelstaxis hatten es Paul ganz besonders angetan. Und auch Lena hatte ihren Spaß daran zu erraten, wer in einem der Taxis saß, sobald es an ihnen vorbeizischte. Einmal behauptete Lena nun tatsächlich, einen Weihnachtsengel gesehen zu haben. Doch Paul war derjenige mit den Adleraugen. Er hatte erkannt, dass auf dem Kopf der Person im Inneren des Taxis nur ein besonders großer Hut thronte, kein Heiligenschein.

»Wann sind wir denn da?«, fragte Paul, nachdem sie eine ganze Weile einfach nur geradeaus gefahren waren.

Lena grinste. »Das fragt er auch immer, wenn wir mit Papa und Mama in den Urlaub fahren. Kaum sind wir auf der Autobahn, geht es los. Wann sind wir da? Oder: Wie lang dauert es noch? Und dann müssen wir ständig anhalten, weil Paul Pippi muss.«

»Das liegt wohl in der Familie.« Die Elfen-Chefin warf Lena einen langen Blick zu. »Ich erinnere mich an ein kleines Mädchen mit dunkelbraunem Haar, kurz geschnittenem Pony und Pferdeschwanz, das hat haargenau die gleichen Fragen gestellt.«

»Ich etwa?«, fragte Lena ungläubig.

Fiora lachte hell auf. »Na klar. Du warst sogar noch viel ungeduldiger als Paul.«

Paul staunte. Damit hatte seine Schwester nicht gerechnet. Und er auch nicht. »Wieso weißt du das eigentlich alles?«

»Na ja, ich bin nicht nur die Elfen-Chefin, ich bin außerdem auch die Assistentin des Weihnachtsmannes. Irgendjemand muss doch den Überblick behalten«, antwortete Fiora und zwinkerte ihm zu.

Paul nickte. Klar, schließlich konnte der Weihnachtsmann nicht alles alleine machen.

Er musste gähnen und merkte erst jetzt, wie müde er war. Schnell hielt er sich die Hand vor den Mund.

Aber Fiora hatte es natürlich bemerkt. Das erkannte

Paul an ihrem Blick. »Es dauert noch etliche Sternstunden, bis wir am Nordpol ankommen«, sagte sie, lächelte geheimnisvoll und malte mit dem Finger ein Zeichen in die Luft.

Paul kam nicht mehr dazu, nachzufragen, was das bedeutete. Noch einmal gähnte er, lehnte sich an seine Schwester und schlief in der Sekunde darauf ein.

## Am himmlischen Weihnachtsnordpol

»Aufwachen, ihr zwei lieben Menschenkinder. Wir sind da!«

Paul blinzelte und rieb sich den Schlaf aus den Augen. Er sah sich erstaunt um. »Wo sind wir denn?«, fragte er.

»Beim Weihnachtsmann«, antwortete Lena.

»Ja klar, Lena!«, sagte Paul. Wollte seine Schwester ihn etwa schon wieder auf den Arm nehmen?

Lena drückte ihm einen Kuss auf die Wange. »Echt, Paul! Das ist kein Scherz, du und ich, wir beide, wir sind wirklich hier!«

Da fiel Paul alles wieder ein. Lena hatte recht. Fiora hatte sie mit dem Rentierschlitten abgeholt. Sie waren im Himmel durch die Wolken gefahren. Und dann hatte Fiora dieses komische Zeichen in die Luft gemalt, und ihm waren plötzlich die Augen zugefallen.

»Warum habt ihr mich denn nicht geweckt?«, rief er empört. »Hab ich was verpasst?«

»Mir ging es wie dir.« Lena streckte sich. »Ich bin auch eingeschlafen.«

»Der Weg zur magischen Weihnachtsbäckerei ist sehr lang«, erklärte Fiora. »Deswegen habe ich euch etwas schlummern lassen. Aber jetzt ...« Sie breitete die Arme aus und erklärte feierlich: »Willkommen in der magischen Weihnachtsbäckerei!«

Langsam schälte Paul sich aus der weißen Kuscheldecke, in die er sich eingewickelt hatte. Er merkte erst jetzt, dass der Schlitten ganz stillstand. Sie flogen also nicht mehr durch den Himmel, sondern waren angekommen. Am Nordpol. Da, wo der Weihnachtsmann wohnte. Er streckte sich ausgiebig und schaute aus dem Fenster.

»Lena, das musst du dir ansehen«, rief er im nächsten Moment und hüpfte aufgeregt auf der Stelle auf und ab.

»Wow!«, staunte auch Lena. »Das ist ja so was von wunderschön.«

So weit Paul blicken konnte, war alles in Weiß gehüllt. Der Schnee, der alles bedeckte, war so fein und leicht, dass es aussah, als hätte jemand die Landschaft mit Puderzucker bestreut.

*Wie die Vanillekipferl und die selbst gebackenen Schneeflocken,* dachte Paul.

In der Ferne sah er die Spitzen von gigantischen Gletschern hervorlugen, die das Weihnachtswunderland zu begrenzen schienen. Alles glitzerte und funkelte durch das Licht der Sonne, die am klaren Winterhimmel strahlte. Doch es gab einen, der noch viel heller strahlte als die Sonne: Paul hätte sich kein schöneres Weihnachtswunder vorstellen können.

Das Beste aber war das große runde Haus aus roten Backsteinen, das Paul durch das gegenüberliegende Fenster des Schlittens entdeckte. Auf dem höchsten Punkt des spitz zulaufenden Daches aus Holz entdeckte er einen großen goldenen Stern. Aus einem Schornstein etwas weiter unterhalb stieg Rauch in den Himmel. Drinnen war es sicher wunderbar warm und gemütlich. Die unzähligen, hell erleuchteten Fenster des Hauses waren allesamt mit Tannenzweigen, Christbaumkugeln, Strohsternen und Kerzen geschmückt.

»Guck mal da, Paul, hast du den Wald schon gesehen?«, fragte Lena aufgeregt und zeigte auf eine Anordnung riesiger Tannenbäume, die auf einem kleinen Hang gleich hinter dem Gebäude standen.

Paul traute seinen Augen kaum. Überall zwischen den Tannen schossen kleine rot-weiße Zuckerstangen wie Blümchen aus dem Boden. Ob sie dort wuchsen? Oder hatte sie jemand in den Schnee gesteckt?

»Sind wir wirklich am Nordpol, Fiora?«, fragte Lena.
»Am himmlischen Weihnachtsnordpol!«, antwortete

die Elfen-Chefin. »Ihr werdet schon sehnsüchtig in der Bäckerei erwartet. Aber erst einmal müssen wir uns um die Rentiere kümmern. Sie warten auf ihre Belohnung.« Sie reichte Paul ein kleines Beutelchen. »Rentiere lieben Glücksknuspernougat.«

Lena kletterte zuerst aus dem Schlitten, Paul folgte ihr. Unten angekommen, öffnete er den Beutel. Der Duft von Schokolade und gebrannten Nüssen kroch Paul in die Nase. »Mmh, das riecht aber gut!«

Seine Schwester schloss genießerisch die Augen. »Ich kann es bis hierhin riechen.«

Da röhrte Rudolph leise und scharrte mit den Hufen. Fiora lachte. »Er wird ungeduldig.«

»Hilfst du mir?« Paul nahm ein paar Stücke Glücksknuspernougat aus dem Beutel und gab sie Lena.

Die kleinen Häppchen sahen zum Anbeißen aus. Am liebsten hätte er sich selbst eins in den Mund gesteckt. Aber er wollte den Rentieren nichts wegfuttern.

Kurz darauf schmatzten die Rentiere zufrieden vor sich hin. Paul warf einen Blick in den Beutel. Es waren noch genau zwei Stücke übrig!

»Für euch«, sagte Fiora. »Na los, probiert schon. Ich sehe euch doch an den Nasenspitzen an, dass ihr auch mal naschen wollt.«

Das Nougatstück knisterte und knusperte in Pauls Mund und schmeckte genau so, wie es roch: nach Schokolade und gebrannten Nüssen.

Lena seufzte selig. »Jetzt weiß ich, woher es seinen Namen hat. Es macht wirklich glücklich.«

»Aber so was von!«, stimmte Paul zu.

»Das freut mich. Und jetzt: Auf in die Weihnachtsbäckerei! Der Ofen muss angefeuert werden.«

Fiora flatterte mit ihren Flügeln. »Die Steine pieken etwas unter meinen Füßen«, erklärte sie, flog ein paar Zentimeter nach oben und durch die Luft vor ihnen her.

Paul und Lena folgten ihr staunend. Die Elfen-Chefin

führte die Kinder über einen geschlängelten Weg aus vielen bunten Kieselsteinen geradewegs zum Eingang des Hauses. Sie kamen nur langsam voran, denn es gab überall etwas zu entdecken. Die kleinen bunten Steinchen unter ihren Füßen wirkten, als hätte jemand Dominosteine mit Pinsel und Farbe bemalt. Am Rande des Weges standen Lampen, die die Form von Pfefferminzbonbons hatten. Und in dem Wald aus Tannen und Zuckerstangen sah Paul viele kleine Pilze, deren Hüte eindeutig aus Lebkuchen bestanden. Selbst die Wolken am Himmel waren keine echten Wolken, sondern fluffige, fliegende Zuckerwattebäuschchen in zartem Hellblau, Hellrosa, Hellgelb und Hellgrün.

»Genau so habe ich es mir hier vorgestellt«, sagte Paul zufrieden. Er schaute zum Himmel. »Nur die Wolken nicht. Die waren bei mir weiß.«

»Aber in meiner Vorstellung waren sie rosa und hellblau und zartgelb, genau wie hier!«, rief Lena aufgeregt.

Fiora blickte nach oben. »Sie sehen sehr hübsch aus, Lena. Das hast du gut gemacht.«

»Ich?« Lena blieb wie angewurzelt stehen. »Aber ...«

»Ach so!« Paul nickte. Er hatte verstanden. Die magische Weihnachtsbäckerei war also in ihren Gedanken entstanden und dann Wirklichkeit geworden.

»Verrückt!«, stellte Lena mal wieder kopfschüttelnd fest. Sie sah sich noch einmal um. »Und echt schön!«

»Nicht bummeln!«, mahnte Fiora. »Ihr habt später noch genug Zeit, euch umzuschauen.«

Vor einer großen Tür aus dunklem Holz blieb Fiora stehen. Am oberen Rand waren ein paar Zeichen eingeritzt, die Paul noch nie gesehen hatte.

»Stammt die Schrift auch aus unseren Gedanken?«, fragte Lena. »Dann muss sie von Paul sein. Ich kann sie nämlich nicht lesen.«

Fiora schüttelte den Kopf. »Nein. Dazu ist kein Menschenkind in der Lage, Lena. Das ist Elfisch«, erklärte sie.

Die Elfen-Chefin umschloss den Türgriff mit ihren kleinen, zarten Händen, schloss die Augen und flüsterte leise ein paar unverständliche Worte.

Wie gebannt beobachtete Paul, dass der Türgriff anfing, in einem goldenen Licht zu leuchten. Gleich war es so weit! Endlich würden sie die magische Weihnachtsbäckerei betreten.

# In der magischen Weihnachtsbäckerei

Knarzend öffnete sich die schwere Tür.

Fiora machte eine einladende Handbewegung. »Hereinspaziert.«

Paul ging einen Schritt nach vorn, blieb dann aber wie angewurzelt stehen. Was er sah, hätte er sich selbst in seinen verrücktesten Träumen nicht ausmalen können. Von innen wirkte die Bäckerei noch viel größer, als er vermutet hatte. Der riesige Raum war hell erleuchtet. Alles war festlich geschmückt: Tannengrün zierte die Fensterbänke, unzählige Kerzen und Lichterketten funkelten um die Wette. Die Mitte des Raumes nahm ein beeindruckender hellgrüner Ofen ein. Er war so groß, dass eine Leiter an ihm lehnte, damit man die Ofenklappe gut erreichen konnte. Um den Ofen herum standen lange Tische aus Holz. Alle waren sie mit weinroten Tischdecken in Form von Christsternen geschmückt. Auf einigen davon entdeckte Paul haufenweise Backzutaten, auf anderen Ausstechförmchen, und auf wieder anderen Tischen lagen Nüsse, Rosinen, Schokostreusel und viele andere Köstlichkeiten, um Gebäck zu dekorieren. An jedem Tisch standen zwei Stühle. An ihren Lehnen waren große, rote Schleifen aus Samt befestigt, und die Kissen auf den Stühlen sahen aus wie kuschelweiche Schneebälle. Von der Decke hing ein kunstvoll gebundener Adventskranz herab, auf dem vier dicke rote Kerzen brannten. Er war verziert mit Anissternen, Orangenscheiben und Zimtstangen. Und über allem lag der Duft nach Tannengrün und weihnachtlichen Gewürzen.

»Wunderschön!«, murmelte Lena leise neben Paul. Auch sie war im Türrahmen stehen geblieben und bestaunte die Bäckerei.

*Aber trotzdem stimmt etwas nicht,* dachte Paul. Er erinnerte sich an Weihnachtsfilme, in denen reges Treiben am Nordpol herrschte. Die Wichtel sangen, lachten, wuselten und gaben ihr Bestes, um bis zum Weihnachtsfest mit den Vorbereitungen fertig zu werden. Doch hier an den Tischen arbeitete niemand, Gesang gab es keinen. Weihnachtsstimmung fühlte sich für ihn ganz anders an. Erst jetzt entdeckte er Dutzende kleine Gestalten, die sich um den magischen Backofen versammelt hatten und die Köpfe zusammensteckten: Elfen, wie Fiora eine war. Kleine Zwerge mit weißen Rauschebärten, spitzen Hüten

und bunten Latzhosen. Kobolde, die noch kleiner waren als die Zwerge, sie sahen frech aus, hatten runde Gesichter, ziemlich lange Nasen und ein verschmitztes Grinsen auf den Lippen. Mürrisch aussehende Gnome, mit grauen Latzhosen und roten Schuhen. Feen, die fast aussahen wie die Elfen, nur etwas kleiner und zarter. Außerdem waren da noch eine ganze Menge Weihnachtswichtel – mit spitzen Ohren, in geringelten Strumpfhosen und darüber roten Kleidern und Latzhosen. Sie schienen mit einer Gruppe von Gnomen zu diskutieren und waren so darin vertieft, dass sie nicht einmal mitbekamen, dass Lena und Paul mit Fiora den Raum betreten hatten.

Erst als Fiora sich räusperte, drehten sie sich um. Ein Raunen ging durch den Raum, Erleichterung stand in den Gesichtern.

»Meine lieben Elfen, Wichtel und Kobolde, ich möchte euch gern Lena und Paul vorstellen. Die beiden sind heute bei uns, um das Weihnachtsfest zu retten«, erklärte Fiora feierlich.

»Die Geschwisterkinder«, sagte ein kleiner Mann mit einer türkisfarbenen Mütze ehrfürchtig. »Nun wird alles wieder gut.« Und alle anderen nickten eifrig.

Paul schaute von einem Wichtel zum nächsten. Er fühlte sich auf einmal ganz unsicher. Was hatte Fiora vorhin gesagt? Der magische Ofen war kaputt und konnte nur durch die Hände von Geschwisterkindern wieder entfacht werden. Bisher hatte Fiora ihnen allerdings noch nicht verraten, wie sie das genau anstellen sollten. Gerade als er den Gedanken aussprechen wollte, kam Lena ihm zuvor.

»Was genau sollen wir denn eigentlich machen?«, fragte seine Schwester.

»Kommt mit!« Fiora flog geradewegs zum Backofen. Paul und Lena folgten ihr, gemeinsam mit allen Wichteln, Elfen, Zwergen, Gnomen, Feen und Kobolden.

Von Nahem sah der kunstvoll gefertigte Gussofen sehr alt aus. Rechts neben der großen Klappe aus Metall konnte Paul eine kleinere Klappe entdecken. Er kam nicht heran, aber sie war wahrscheinlich verschlossen. Außerdem gab es noch eine Tür. Sie stand ein Stück offen, einige Holzscheite lugten heraus.

»Da wären wir!«, sagte Fiora. »Jetzt seid ihr dran, Paul und Lena.«

*Oje,* dachte Paul. *Wir kennen uns mit Öfen doch überhaupt nicht aus.* Zu Hause gab es zwar einen Kamin, aber den durften sie nur bedienen, wenn Mama oder Papa dabei waren. Zum ersten Mal, seit sie aufgebrochen waren, wünschte Paul sich, dass seine Eltern hier wären. Oder Oma, die wusste auch immer alles.

»So einen Ofen hab ich noch nie gesehen«, sagte Lena. Auch sie wirkte skeptisch.

Die Elfen-Chefin holte einen goldenen Schlüssel aus der Tasche ihres Kleides, flog hinauf zu der kleinen verschlossenen Klappe und öffnete sie. Dahinter kamen zwei in Metall eingelassene Handabdrücke zum Vorschein.

»Es ist ganz leicht«, sagte Fiora. »Ihr müsst einfach eure Hände auf die vorgezeichneten Flächen legen. Der Ofen entfacht sich durch die Magie, die ihr als Geschwister in euch tragt, von ganz allein.«

»Das ist alles?«, fragte Paul.

»Ja, Paul, das ist alles«, antwortete Fiora.

Sie zeigte auf die Leiter, die am Ofen lehnte, und half Paul dabei, ein paar Sprossen hinaufzuklettern. Lena kam allein an die Stelle mit den Handabdrücken heran. Nacheinander legten die Geschwister ihre Hände in die vorgesehenen Mulden.

Erwartungsvoll schauten sie auf ihre Hände, dann zu Fiora. »Hat es funktioniert?«, fragte Lena.

»Ich weiß nicht«, stammelte Fiora, dabei drehte sie nervös den goldenen Schlüssel in ihren Händen hin und her. »Ehrlich gesagt sieht es nicht danach aus.«

»Vielleicht müssen wir tauschen«, schlug Paul vor. »Ich lege meine Hand auf deinen Abdruck, du deine auf meinen.«

»Gute Idee!«, antwortete Lena.

Doch es passierte wieder nichts. Egal, wie fest, leicht, kurz oder lang die Geschwister ihre Hände auflegten, der Ofen blieb aus.

# 10.
## Ab in den Ofen!

Paul lief eine Schweißperle über die Stirn. Im Saal wurde getuschelt.

Ein kleiner Kobold fing an zu weinen. »Heißt das, dass wir Weihnachten absagen müssen, Frau Fiora?«, fragte er.

»Wenn wir es nicht bald schaffen, den Ofen wieder zum Laufen zu bringen, fürchte ich, dass wir das wirklich müssen, Jimmy«, antwortete Fiora traurig. »Dabei war ich mir so sicher mit euch beiden.« Sie sah Paul und Lena an. »Habt ihr euch vielleicht in der letzten Zeit außergewöhnlich oft gestritten? Oder war eine Auseinandersetzung besonders schlimm?«

Paul konnte sehen, wie Lena rot anlief. Es lag ihm auf der Zunge, Fiora von der Schneesache zu erzählen. Aber dann hätte er ihr auch verraten müssen, dass er Lena mit seinem Weihnachtssternwunsch geärgert hatte. »Es ist doch normal, dass Geschwister sich manchmal streiten«, sagte er stattdessen. »Aber das ändert nichts daran, dass wir uns lieb haben.«

»Genau!«, stimmte Lena sofort zu. Sie betrachtete nachdenklich ihre Hand. »Es muss einen anderen Grund dafür geben, dass der Ofen nicht mehr angeht. Aber ... sagt mal, warum ist das eigentlich so wichtig? Wofür braucht ihr den magischen Ofen? Die Geschenke habe ich doch schon in dem großen Sack auf dem Schlitten gesehen.«

»Ich verrate euch jetzt ein ganz besonderes Geheimnis: Der Weihnachtsmann kann die Geschenke ohne das magische Gebäck nicht ausliefern«, erklärte Fiora. »Ohne die Flug-Cookies können die Rentiere nicht fliegen. Ohne die Schornsteinkipferl kommt der Weihnachtsmann nicht durch den Kamin. Ohne die Energiekugeln schafft er die anstrengende Arbeit nicht, und ohne die die Mutstangen bekommen die Rentiere Angst, wenn sie durch Gewitter fliegen müssen. All dieses Gebäck und noch viel mehr können wir nur im magischen Ofen hier in der Weihnachtsbäckerei herstellen.«

»Keine Kekse, kein Weihnachten!«, rief eine Elfe mit kurzem braunem Haar verzweifelt. Sie trug wie Fiora ein rotes Samtkleid. »Ich würde vorschlagen, dass wir aufräumen und alles gut für das nächste Jahr verstauen. Oder hat irgendjemand von euch eine bessere Idee?«

Sofort war der Raum von Stimmengewirr erfüllt. Alle sprachen durcheinander.

»Können wir nicht andere Kinder holen?«, fragte ein Kobold.

»Vielleicht muss nur die Auflagefläche für die Hände gereinigt werden«, schlug eine Elfin vor.

»Was sagt überhaupt der Weihnachtsmann dazu?«, polterte irgendjemand aus der Mitte der Versammlung.

»Genau, wo ist er überhaupt?«, rief eine kleine Frau.

»Das würde mich auch interessieren«, flüsterte Paul.

Da klatschte Lena plötzlich kräftig in ihre Hände. »Ruhe bitte! Könnt ihr mir alle mal zuhören?«

Sofort war es mucksmäuschenstill. Alle schauten zu Lena, auch Paul.

»Mama sagt immer, dass es für jedes Problem eine Lösung gibt!«, erklärte Lena mit fester Stimme. »So viel steht schon mal fest: An Paul und mir liegt es nicht, dass der Ofen nicht funktioniert. Also muss es einen anderen Grund geben. Wenn wir das Problem lösen wollen, müssen wir erst einmal herausfinden, wo es überhaupt liegt.«

»Papa schaut immer zuerst nach, ob der Stecker im Strom steckt, wenn ein Gerät nicht funktioniert«, schlug Paul vor.

Doch Fiora schüttelte den Kopf. »Der magische Backofen wird mit Holz angefeuert«, erklärte sie.

»So wie unser Kamin!«, überlegte Lena. »Vielleicht ist das Holz feucht. Dann brennt es nicht.«

»Das ist unmöglich, das Nachlegen gehört zu meinen Aufgaben. Und ich arbeite immer sehr gewissenhaft.« Ein Wichtel mit einem langen grauen Bart trat aus der Menge hervor, öffnete die angelehnte Ofentür, zog ein Holzscheit heraus und hielt es triumphierend in die Höhe. »Staubtrocken!«

»Und wenn der Kamin verstopft ist?« Pauls Blick folgte dem langen Ofenrohr, das bis zur Decke, von dort zum spitzen Dach und nach draußen führte. Dadurch konnte der Rauch entweichen. Zu Hause hatten sie auch eins, allerdings nicht so groß wie dieses. Aber Paul wusste, dass es kontrolliert werden musste.

»Daran liegt es nicht«, rief eine ganz in Schwarz gekleidete Elfin, die plötzlich wie aus dem Nichts über der Versammlung schwebte. »Dafür lege ich meine Hand ins Feuer. Als weihnachtliche Schornsteinfegerin habe ich natürlich insbesondere den magischen Backofen im Auge. Das Rohr ist frei. Ich habe es gestern Abend noch einmal durchgepustet, als ich erfahren habe, dass die Geschwisterkinder heute eintreffen.«

»Keine Kekse, kein Weihnachten!«, meckerte die braunhaarige Elfe noch einmal.

Aber das gefiel Paul gar nicht. Er trat etwas näher an den Ofen heran. Dabei merkte er, dass ihm auf einmal ganz kalt wurde. Er fror, obwohl er seine dicke Jacke anhatte.

»Ist der Backofen immer so frostig?«, fragte er.

»Frostig?« Fiora zuckte mit den Achseln. »Wir sind Wesen des Nordpols, wir spüren keine Kälte.«

»Hier ist es aber echt kalt.« Lena stellte sich neben Paul, öffnete die große Ofenklappe und steckte ihre Hand hinein. »Wie in einem Kühlschrank! Dabei war es bis gerade eben hier drinnen noch richtig schön warm.«

»Wirklich?« Fiora zog die Augenbrauen hoch. »Hm ... das ist ja merkwürdig.«

»Vielleicht ist im Inneren etwas nicht in Ordnung. Der Ofen könnte zum Beispiel Risse haben.« Lena blickte zu Paul. »Ich würde ja reinkrabbeln und nachschauen, aber ich bin zu groß.«

Paul überlegte nicht lange. »Ich mach das, ich schau nach!«

»Das ist richtig mutig von dir!«, sagte Lena.

Jetzt wurde es Paul doch ein wenig mulmig zumute. Er hatte nicht nachgedacht, als er angeboten hatte, in den Ofen zu klettern. Drinnen war es sicher kalt. Und dunkel war es bestimmt auch.

# Ein Eiswichtel

*Das schaffst du!,* sagte Paul in Gedanken zu sich selbst. *Immerhin geht es hier um die Rettung des Weihnachtsfestes.* Und dann fragte er laut: »Hat irgendjemand eine Taschenlampe für mich?«

Da kam die Elfen-Schornsteinfegerin zu Paul geflogen. »Du kannst einen von meinen Funkelsternen haben«, sagte sie und streckte ihre Hand aus, in der ein kleiner, grauer Stein lag.

Das Ding sah zwar nicht so aus, als würde es leuchten, aber Paul wollte nicht unhöflich sein und nahm den Stein an sich. »Danke«, sagte er.

Die Elfen-Schornsteinfegerin lächelte spitzbübisch. »Ich weiß, er wirkt sehr unscheinbar. Aber er spendet dir Licht, wenn du es brauchst. Lass dich einfach überraschen.«

»Okay.« Paul atmete einmal tief durch. Dann kletterte er die Leiter zur Ofenklappe hinauf.

Im Ofen war es stockdunkel. Paul musste auf allen vieren krabbeln, um sich nicht den Kopf zu stoßen, aber der Ofen war so lang und breit, dass er sich fühlte, als befände er sich in einer Höhle. Und bitterkalt war es auch hier drinnen. Paul versuchte die Kälte so gut es ging zu ignorieren und krabbelte langsam vorwärts. Dabei tastete er hin und wieder vorsichtig die Wände ab, um zu prüfen, ob sie einen Riss hatten. Wenn es doch nur heller im Ofen wäre! Da fiel ihm der Stein wieder ein, den er von der Elfen-Schornsteinfegerin erhalten und in die Hosentasche gesteckt hatte. Er nahm ihn heraus und spürte augenblicklich, dass seine Hand warm wurde. Kurz darauf fing der Stein an zu leuchten – wie ein kleiner Stern, der sein Licht strahlenförmig verteilte.

Und da sah Paul es: Ganz hinten an der Ofenwand lag etwas Weißes ... *Eine Decke,* dachte Paul, *so wie die im Rentierschlitten.* Er krabbelte weiter – es wurde jetzt kälter und kälter – und zuckte im nächsten Moment vor Schreck so sehr zusammen, dass er mit dem Kopf gegen die Wand stieß. »Autsch!«, entfuhr es ihm. Die weiße Decke hatte sich bewegt. Und sie gab Geräusche von sich, die wie leises Schnurren klangen.

»Ist alles in Ordnung?«, rief Fiora von draußen.

»Ja, aber hier ist etwas«, rief Paul zurück. »Es sieht aus wie ... Ich glaube, hier im Ofen liegt eine Katze.«

Da bewegte sich die Decke wieder. »Eine Katze? Bei meinem Bart! Ich hasse Tiere!«, ertönte eine kratzige

Stimme. »Und jetzt möchte ich bitte weiterträumen. Mein Sommerschlaf ist nämlich äußerst wichtig.« Danach war alles wieder still.

Das war keine Katze, es war überhaupt kein Tier. Paul wartete einen Moment lang und als weiter nichts passierte, krabbelte er noch etwas näher an den Deckenberg heran. Vor ihm lag ein Wichtel. Er war bis zur kleinen roten Nasenspitze eingekuschelt in eine flauschige Decke und schlief friedlich, wobei er kleine kalte Atemwölkchen ausstieß. Seine weiße Zipfelmütze war mit silbernen Eiskristallen bestickt.

»Hallo, Herr Wichtel«, sagte Paul mutig. »Es tut mir leid, aber könnten Sie bitte woanders weiterschlafen? Der Backofen funktioniert nämlich nicht, und ohne ihn können wir das magische Gebäck nicht backen.«

Doch der weiße Wichtel antwortete nicht. Er brummte, rollte sich einfach von Paul weg und fing an zu schnarchen.

»Hier drin schläft jemand und wird nicht wach!«, rief Paul laut in Richtung Ofentür. »Was soll ich denn jetzt machen?«

»Zieh ihn raus!«, befahl Fiora.

Und das machte Paul. Er packte einen Zipfel der weißen Decke, krabbelte rückwärts und zog den Wichtel mit sich.

»Da bin ich wieder!«, sagte Paul stolz, nachdem er aus dem Ofen gesprungen war. »Und unser Problem hab ich auch mitgebracht.« Er ging einen Schritt zur Seite, sodass alle den weißen Wichtel sehen konnten, der oben in der geöffneten Ofenklappe lag und noch immer tief und fest schlief.

»Das gibt es doch nicht!« Fiora schüttelte ungläubig den Kopf.

»Ferdinand Frost«, stellte die Elfen-Schornsteinfegerin fest, flog ganz nah an den kleinen Wichtel heran und zwickte ihn sanft in die Nase. »Das ist ja ein Ding!«

# Ein Hauch von Vanille

Ferdinand blinzelte ein paar Mal verschlafen. Er gähnte. Dann riss er die Augen auf und blickte mindestens genauso erstaunt in die Gesichter der Umstehenden, wie diese wiederum ihn anstarrten. »Um Himmels willen, was ist das denn für eine Veranstaltung? Wo bin ich und warum starrt ihr mich alle so entgeistert an? Und warum hat jemand in meine Nase gekniffen?«, stammelte er, während er sich den hellgrauen Bart glatt strich.

»Ferdinand!«, sagte Fiora streng, legte ihren Kopf in den Nacken und stemmte die Hände in die Hüften. »Weißt du eigentlich, was heute für ein Tag ist?«

»Müsste ich?«, fragte Ferdinand und gähnte noch einmal herzhaft.

»Heute ist der dreiundzwanzigste Dezember. Der dreiundzwanzigste! Was hattest du in unserem Ofen zu suchen? Kannst du mir das bitte mal erklären?«, fragte

Fiora. »Du bist ein Eiswichtel. Du müsstest längst auf den Wolken unterwegs sein.«

»Ich war in eurem Ofen?« Ferdinand setzte sich auf und sah sich irritiert um. »So ein Quatsch! Ich habe mich doch Ende des Frühlings wie jedes Jahr in meiner Hütte ins Bett gelegt, um zu übersommern. Ich frage mich allerdings, warum mein Wecker nicht geklingelt hat. Wo ist er eigentlich?« Er drehte sich um und betrachtete einen Moment lang fassungslos den Ofen, den er erst jetzt hinter sich entdeckte. Langsam wandte er den Kopf zurück zu Fiora. »Der dreiundzwanzigste? Ach herrje, dann bin ich ja viel zu spät!«

»Genau, wir haben einen Tag vor Heiligabend!«, sagte die Elfen-Chefin. »Wir konnten den magischen Backofen nicht anheizen. Und jetzt wissen wir auch, warum: Deine Kälte hat das Feuer zurückgehalten.«

Ferdinand rieb sich die Nase. »Das tut mir wirklich leid. Wie gesagt, keine Ahnung, wie ich in den Ofen gekommen bin.« Er grinste verlegen. »Aber jetzt weiß ich wenigstens, warum ich die ganze Zeit von Plätzchen und Kuchen geträumt habe.«

»Na, das ist jetzt vorbei!«, schimpfte Fiora. »Sieh zu, dass du hinaus in die Welt kommst. Die Menschen warten auf Schnee. Die Regenbringer haben genug gefeiert. Und sich eine Pause verdient.«

Ferdinand Frost schnipste mit den Fingern. Wie aus dem Nichts erschienen zwei schneeweiße Skier, die er

sich unter die Füße schnallte, und zwei Skistöcke in seinen Händen. Er nickte Fiora zu, dann tippte er an seine weiße Zipfelmütze. Ein wunderschöner, sternförmiger Eiskristall löste sich. Ferdinand nahm ihn und streckte ihn dem verblüfften Paul entgegen. »Danke fürs Wecken, Menschenkind!« Mit den Skistöcken stieß er sich vom Ofen ab, glitt aus der Bäckerei hinaus direkt in den Himmel und flog davon. Seine kratzige Stimme, die fröhlich *Schneeflöckchen, Weißröckchen* sang, war noch eine ganze Weile in der Ferne zu hören.

Mit offenem Mund schaute Paul dem Wichtel nach. Den Eiskristall steckte er in seine Tasche zu dem Glitzerstern.

»Das gibt's ja nicht«, murmelte Lena neben ihm. »Das glaubt uns echt niemand.«

Paul beschäftigte eine andere Sache, die ihn ganz kribbelig werden ließ. »Bedeutet das, dass es jetzt endlich unten schneit?«, fragte er.

Fiora nickte. »Ferdinand ist ein Eiswichtel. Wenn er mit seinen Skiern über die Wolken fährt, gefriert das Wasser in ihnen und fällt in Schneeflocken herab auf die Erde.«

»Das ist gut!«, Paul freute sich. »Dann bekommen wir ein weißes Weihnachtsfest.«

»Ja, Paul. Dank dir und deiner Schwester Lena. Vorausgesetzt, dass …« Fiora sah auffordernd zu den Abdrücken, auf die Lena und Paul schon einmal ihre Hände gelegt hatten. »Könntet ihr bitte noch einmal …«

Diesmal legten sie beide gleichzeitig ihre Hände auf.

*Bitte geh an!*, dachte Paul. Und da loderte auch schon ein Feuer im Ofen auf. Alle anwesenden Zwerge, Wichtel, Gnome und Elfen jubelten und klatschten vor Freude.

Auch Paul strahlte über das ganze Gesicht. Und Lena lächelte glücklich. Das Weihnachtsfest war gerettet!

Da schwebte eine Elfin in einem gelben Samtkleid auf sie zu. Lange blonde Locken umrahmten ihr zartes Gesicht. Sie umarmte den überraschten Paul und sagte mit sanfter Stimme: »Danke.«

Der Duft von Vanillekipferl stieg Paul in die Nase, so wie heute Morgen in der Küche. Er kam nicht dazu, etwas auf das Dankeschön zu erwidern, denn da breitete die gut riechende Elfe schon ihre Flügel aus und schwebte davon.

»Wer war das denn?«, fragte Lena neugierig.

»Das war die oberste Backelfe der magischen Weihnachtsbäckerei«, antwortete Fiora.

»Sie ist wunderschön«, flüsterte Lena. »Und sie riecht gut.«

*Nach Kipferl,* wollte Paul sagen, aber Fiora war schneller als er und erklärte: »Das ist Vanilla. Meine Freundin duftet nach ihrem Namen. Ohne einen Hauch von Vanille würde sie niemals vor die Tür gehen.« Sie lachte und sah der blonden Elfin nach. »Wartet mal ab, was hier gleich passiert. Wenn Vanilla einmal anfängt, ist sie nicht mehr zu stoppen.«

Und da legte die Backelfe auch schon los.

## Ein gutes Geheimnis

»Meine lieben Freundinnen und Freunde, ich bitte um eure Aufmerksamkeit«, rief Vanilla so laut, dass ein kleiner Zwerg erschrocken über seine viel zu großen Schuhe stolperte und auf seinem Hinterteil landete. Augenblicklich wurde es ruhig im Raum. Zwei Feen, die gerade noch fröhlich vor sich hingesummt hatten, hielten sich sogar die Hände vor ihre Münder. Sie waren unscheinbar, fast durchsichtig – so zarte Wesen hatten Paul und Lena noch nie gesehen. Ihre langen rosafarbenen Haare wippten bei jedem Flügelschlag, und unter ihren moosgrünen Backschürzen lugten elegante Kleider hervor. Alle Anwesenden sahen ehrfürchtig hoch zu der Backelfe, die nun direkt vor dem Backofen schwebte. »Ich weiß, es ist für uns alle ganz schön schwierig. Aber jetzt müssen wir zusammenhalten und an einem Strang ziehen, um das Weihnachtsfest zu retten. Wir müssen sofort anfangen zu backen und versuchen, die verlorene Zeit aufzuholen. Gemeinsam werden wir das auch schaffen, liebe Backelfen, Weihnachtswichtel, Zuckerfeen, Wintergnome, Glückskobolde und Adventszwerge! Wir brauchen Flug-Cookies, Schornsteinkipferl, Mutstangen und Wegweisesterne. Aber auch die Freundschaftsherzen, die Wunschbrunnen, die Mandelwölkchen, die Traumstücke, die Elfenküsse und all die anderen Köstlichkeiten müssen hergestellt werden.«

»Das scheint mir unmöglich. Wie sollen wir ...?«, wollte einer der Kobolde widersprechen. Doch Vanilla schüttelte energisch den Kopf, sodass ihre blonden Locken flogen. Sie unterbrach ihn: »Für Einwände haben wir keine Zeit. Wir bekommen das hin, ich glaube an euch!«, rief sie. »Und jetzt wird gebacken! Ab mit euch an eure Tische! Ihr wisst ja, was zu tun ist. Auf mein Kommando geht es los!«

Obwohl Vanilla ein so kleines, zartes Wesen war, schienen alle Anwesenden großen Respekt vor ihr zu haben. Sofort machten sich die Kobolde, Feen, Elfen, die Wichtel, Gnome und Zwerge an die Arbeit. Alle wuselten wild durcheinander, jeder schien ganz genau zu wissen, was seine Aufgabe war. Die magische Weihnachtsbäckerei füllte sich mit Leben, und schon bald herrschte überall an den Tischen rege Betriebsamkeit. Einige der Helfenden sangen ein fröhliches Weihnachtslied. Alle schienen Spaß an der Arbeit zu haben. Sie rührten in Schüsseln, kneteten Teig und hantierten mit Puderzucker herum. Ein Wichtel schmolz Schokolade in einem riesigen kupfernen Kessel, zwei Kobolde rösteten gemeinsam Nüsse in einer großen Pfanne.

Nun ging es so zu, wie Paul es sich in seinen Träumen ausgemalt hatte. Lena saß bereits an einem der langen Holztische neben einer Fee in einem grün schillernden Kleid, das über und über mit Zuckerstangen bestickt war, und mischte Mehl, Eier, Butter und Zucker, um daraus Teig für die Freundschaftsherzen zu kneten. Dass sie dabei mit ihren Fingern in glitschige Eiermasse fassen musste, schien sie überhaupt nicht mehr zu stören.

Paul dagegen stand noch immer unschlüssig beim Ofen. Er konnte sich einfach nicht entscheiden, wo er mit anpacken sollte. Er fand, dass die Mutstangen sich besonders interessant anhörten. Aber die Elfenküsse klangen auch verlockend. Da bemerkte er, dass Vanilla neben einen Gnom geflattert war, der einen großen Kochlöffel in der Hand hielt. Über seinem kugelrunden Bauch trug er eine Schürze, die mit den verschiedensten Obstsorten bestickt war. Beide schauten in einen Topf, der vor ihnen auf einem Herd stand, und diskutierten lautstark. In diesem Moment blickte Vanilla auf und sah Paul an. Sie lachte und winkte ihn zu sich.

»Unser Konfitürenmeister kann sich nicht entscheiden«, erklärte sie. »Himbeere und Johannisbeere hatten wir in den vergangenen beiden Jahren. Und nun weiß er nicht, welches Obst er in diesem Jahr zu Konfitüre verarbeiten möchte. Deswegen entscheide ich jetzt, dass du es in

diesem Jahr bestimmen darfst. Die Wunschbrunnenplätzchen sollen damit gefüllt werden.« Paul konnte ganz genau sehen, dass Vanilla zu der großen Schüssel mit Birnen schielte, die gleich neben den Äpfeln stand.

»Ich mag Birnen«, sagte er deshalb. Vanilla lächelte ihn an. Das war nicht gelogen, die mochte er wirklich sehr. Besonders die aus Omas Garten. »Aber nur, wenn sie nicht mehr hart sind.«

»Sie sind selbstverständlich perfekt gereift.« Der Gnom zwirbelte an seinem Schnurbart und schwang den Kochlöffel durch die Luft. »Nun gut, so soll es sein! Eine sehr gute Wahl!«

»Danke«, flüsterte Vanilla Paul ins Ohr, bevor sie zum nächsten Arbeitsplatz flog. »Jetzt hast du mir schon zum zweiten Mal geholfen.« Pauls Herz machte einen kleinen Hüpfer vor Freude. Er mochte Vanilla sehr.

»Ich habe eine Überraschung für dich.« Wie aus dem Nichts stand Fiora plötzlich neben ihm und grinste wie ein Honigkuchenpferd.

»Oh, was denn?«, fragte Paul neugierig.

Ihre Augen begannen zu funkeln. »Der Weihnachtsmann möchte dich kennenlernen, dich und natürlich auch Lena. Ich habe gerade die Nachricht erhalten, dass er uns heute noch hier in der Weihnachtsbäckerei besuchen wird, bevor er losfliegt, um die Geschenke zu verteilen.«

»Wirklich?«, fragte Paul. Sein Herz hüpfte schon wieder, diesmal vor Aufregung und Freude gleichzeitig.

Fiora zeigte auf die große runde Uhr, die über dem Eingang hing. Darauf waren keine Zahlen zu erkennen, es gab nur einen kleinen und einen großen Zeiger, die sich beide langsam voranbewegten. »Hier bei uns vergeht die Zeit viel langsamer als bei euch in der Menschenwelt«, erklärte sie. »Aber wenn der große Zeiger ganz oben ist, dann kommt unser Besuch.«

»Der Weihnachtsmann!«, sagte Paul ehrfürchtig.

»Pst ...«, flüsterte Fiora und legte ihren Zeigefinger vor den Mund. »Die anderen sollen nichts erfahren. Das ist unser Geheimnis. Der Weihnachtsmann hat normalerweise keine Zeit, uns hier zu besuchen. Schon gar nicht so kurz vor Weihnachten. Heute macht er eine Ausnahme. Es soll eine Überraschung für alle sein.«

Paul nickte glücklich. Das war ein gutes Geheimnis. Noch nicht einmal Lena würde er etwas erzählen, die Überraschung würde seiner großen Schwester bestimmt gut gefallen.

# Wo ist der Weihnachtsmann?

Alle arbeiteten Hand in Hand. Ein Blech magisches Gebäck folgte dem nächsten, und schon bald machte sich ein himmlischer Duft in der Bäckerei breit. Paul knetete Teig, goss Schokolade zu leckeren Weihnachtsbäumchen, bemalte Gute-Wünsche-Kekse und stellte echtes eigenes Marzipan her. Er ließ sich von der Magie, die durch die Luft surrte, mitreißen. *Jetzt wird alles gut,* dachte er. Und wenn erst einmal der geheime Besucher da war, den Fiora angekündigt hatte, dann war das Weihnachtsfest rundum perfekt! Es war gar nicht so schwer, das Geheimnis für sich zu behalten: Denn Paul war stolz, dass Fiora nur ihm von der Überraschung erzählt hatte.

Nachdem er eine ganze Weile tatkräftig angepackt hatte, wurde er aber doch ungeduldig. Immer wieder schaute er auf die Uhr, um zu überprüfen, ob der große Zeiger nach ganz oben gewandert war. Und dann, endlich, war es so weit. Der Zeiger war auf dem höchsten Punkt des Ziffernblatts angekommen. Paul legte die Ausstechförmchen beiseite und wischte sich voller Erwartungen die teigverschmierten Hände an seiner Schürze ab. Er wartete … und wartete … und wartete … Doch nichts geschah. Der Weihnachtsmann kam nicht. Draußen war es inzwischen schon dämmrig geworden, das konnte Paul durch die zahlreichen Fenster der Weihnachtsbäckerei erkennen. Wo war eigentlich Fiora? Sie war nirgendwo an den Tischen oder beim Ofen zu sehen. Ob sie losgegangen war, um den Weihnachtsmann zu holen? *Vielleicht verspätet er sich nur,* versuchte Paul, sich selbst zu beruhigen. Aber er hatte ein komisches Gefühl dabei. Es kiekste und grummelte immer lauter in seinem Magen. Endlich entdeckte er Fiora. Sie

stand vor der Vorratskammer und unterhielt sich aufgeregt mit einem Gnom, den Paul vorher noch nicht gesehen hatte.

Fragend schaute Paul sie an. Der große Zeiger der Uhr war inzwischen schon ein ganzes Stück nach rechts weitergerückt.

Der Gnom verschwand in der Vorratskammer. Fiora blickte zur Uhr, bevor sie zu Paul ging und leise sagte: »So wie es aussieht, verspätet der Weihnachtsmann sich ein wenig.«

Doch Paul erkannte sofort, dass Fiora ihm nicht die ganze Wahrheit sagte. Ihre Stimme hörte sich nicht mehr so fröhlich an wie zuvor. Außerdem sah sie sich suchend im Raum um und strich dabei unruhig mit den Händen über ihr Kleid.

»Ist irgendwas passiert?«, fragte Paul.

»Mach dir keine Sorgen, er wird ganz sicher bald kommen.«

»Aber?« Paul folgte Fioras Blick. Irgendetwas stimmte da doch nicht! In dem Moment kam der Gnom wieder aus der Kammer, blickte zu ihnen hinüber und schüttelte mit sorgenvoll gerunzelter Stirn den Kopf.

»Auch das noch! Das darf ja wohl nicht wahr sein«, schimpfte Fiora leise vor sich hin.

»Was?« Das klang gar nicht gut, fand Paul.

»Das Mehl ist alle.« Fiora seufzte. »So etwas ist noch nie passiert. Ich muss unbedingt mit Va...«

Sie hatte den Namen noch nicht ganz ausgesprochen, da schwebte Vanilla auch schon vor ihr. »Was ist passiert?«, fragte sie, ebenso besorgt wie Paul.

»Das Mehl ist alle«, flüsterte Fiora.

»Blödsinn!« Vanilla schüttelte energisch den Kopf. »Das ist unmöglich. Unser Vorrats-Elf achtet immer sehr genau darauf, dass die Kammern gefüllt sind.« Sie stemmte ihre Hände in die Hüften und flog ein Stück höher. »Wo ist Linus eigentlich?«

»Verschwunden«, wisperte Fiora und räusperte sich. »Genau wie der Weihnachtsmann. Der wollte hier sein, wenn der Himmel sich purpurrot färbt.« Fiora linste aus dem Fenster. »Ist aber bisher nicht aufgetaucht.«

Pauls Herz rutschte vor Schreck in die Hose.

Da sagte Vanilla: »Vielleicht ist Linus aufgebrochen, um ihn zu holen.«

»Das könnte sein.« Fiora rieb sich über das Kinn. »Kommt dir das nicht auch komisch vor? Erst streikt der Ofen und wir finden heraus, dass der Eiswichtel darin eingeschlafen ist. Dann kann er sich nicht erinnern, wie er in den Ofen gekommen ist. Und jetzt gehen die Vorräte aus. Da stimmt doch etwas nicht!«

Vanillas Augen wurden ganz groß. »Du meinst, dass jemand nachgeholfen hat?«

Genau in dem Moment rief eine Elfin an einem der hinteren Tische quer durch den Raum: »Wir haben kein Mehl mehr, Vanilla. Und der Zucker ist auch bald alle.«

»Dabei kann es sich doch nur um Absicht handeln!«, entfuhr es Fiora. »Jemand versucht, Weihnachten zu verhindern!« Im nächsten Moment hielt sie sich erschrocken ihre Hand vor den Mund. Aber es war zu spät. Alle hatten gehört, was die Elfen-Chefin gesagt hatte. Es wurde mucksmäuschenstill im Raum.

## Er ist verschwunden!

Laute Klopfgeräusche durchbrachen die Stille. Jemand stand vor der Tür zur magischen Weihnachtsbäckerei und verlangte Einlass.

»Der Weihnachtsmann!«, rief Paul erleichtert.

»Hoffentlich«, flüsterte Lena.

»Unmöglich«, sagte Fiora. »Alle Türen am Nordpol öffnen sich von ganz allein, wenn er kommt. Er würde niemals anklopfen.«

»Und wenn doch?«, fragte Paul hoffnungsvoll.

Fiora schloss ihre Augen und murmelte ein paar Worte auf Elfisch.

Mit einem lauten Rumms öffnete sich die große Holztür. Eisige Kälte peitschte durch den Raum. Alle magischen Wesen drehten sich um und schauten gebannt auf den Besucher, der bis zur Nasenspitze in einen braunen Mantel eingewickelt war.

»Der Weihnachtsmann ist weg!«, platzte es aus dem Unbekannten heraus.

»Linus!«, entfuhr es Fiora. Sie flog in Windeseile zu dem Kobold, der jetzt hektisch versuchte, sich aus seinem Mantel zu befreien.

Die Weihnachtsbäckerei war in Aufruhr. Alle redeten durcheinander, ein paar Gnome begannen lautstark zu jammern, ein Zwerg zwirbelte nervös seinen Rauschebart und murmelte unverständliche Sätze vor sich hin. Das rege Treiben in der Weihnachtsbäckerei wurde zu hektischem Gewusel. Elfen flogen panisch auf und ab, sie diskutierten und sahen sichtlich besorgt aus. Eine Gruppe aufgeregter Kobolde löcherte Linus mit Fragen. Unterdessen versuchte Fiora, Ruhe zu bewahren.

»Jetzt mal langsam und eins nach dem anderen, Linus«, sagte sie mit klarer Stimme. »Und ihr Elfen kommt zurück auf den Boden und seid bitte ruhig, man versteht ja kaum das eigene Wort!«

Linus fuhr sich durch das grüne Haar. Sein Gesicht war gerötet. Der Grund dafür war nicht nur die eisige Kälte draußen, wie sich nun herausstellte.

»Also, es ist so …« Linus räusperte sich ein paar Mal. »Es ist alles meine Schuld. Und es tut mir so wahnsinnig leid, aber …« Eine Träne kullerte über seine rechte Wange. Er wischte sie weg und erklärte: »Ich kam in den letzten Wochen mit der vielen Arbeit nicht mehr zurecht. Und ehrlich gesagt war ich froh, als der Backofen nicht funktionierte. Da habe ich, da habe ich …« Er seufzte traurig. »Ich habe dem Elfen-Müller freigegeben, und den Zuckerfeen habe ich gesagt, dass wir genügend Zucker haben und sie keinen mehr herstellen müssen.«

Ein Raunen ging durch die Menge. Linus zitterte am ganzen Körper. Und dann schluchzte er laut auf, und dicke Tränen liefen über sein Koboldgesicht.

Fiora streichelte ihm über den Arm. »Das war nicht okay von dir, Linus. Aber es ist gut, dass du es uns gesagt hast. Nun musst du dich aber wieder beruhigen. Ich verstehe nicht, was das mit dem Weihnachtsmann zu tun hat. Hast du mit ihm auch irgendetwas angestellt?«

Linus schniefte noch einmal laut, bevor er den Kopf schüttelte. »Nein, ehrlich nicht. Ich bin zu ihm gegangen, weil ich ihn um Verzeihung und Hilfe bitten wollte. Aber er war nicht da!«

»Er wollte eigentlich zu uns in die Bäckerei kommen«, sagte Fiora.

»Aber doch nicht ohne die Rentiere!«, rief Linus. »Sie stehen alle noch im Stall!«

»Ach du meine Güte!« Fiora warf Vanilla einen entsetzten Blick zu. »Hast du eine Idee, wie ihr die letzten Plätzchen auch ohne Mehl und Zucker backen könnt? Dann würde ich nach dem Weihnachtsmann schauen.«

»Mama backt ganz oft mit Honig«, rief Lena. »Und manchmal sogar mit Datteln.«

»Das ist eine sehr gute Idee!« Vanilla nickte lächelnd.

»Haferflocken haben wir auch noch. Die zerreiben wir zu Mehl. Damit können wir sehr gut backen.« Sie flog in die Höhe. »Los, los, ihr habt gehört, was zu tun ist. Lasst uns sofort anfangen, damit alles vor Heiligabend fertig ist.«

»Und ich suche den Weihnachtsmann!«, bestimmte Fiora.

»Ich komme mit«, sagte Paul.

»Ich auch!«, rief Lena.

»Darf ich auch mitkommen?«, fragte Linus.

Fiora überlegte einen Moment. »Nein«, antwortete sie schließlich an Linus gewandt. »Du bleibst hier und hilfst beim Backen. Ich finde, dass du dich um die Haferflocken kümmern solltest. Immerhin bist du unser Vorrats-Elf, das gehört zu deinen Aufgaben.«

»Du kannst dich darauf verlassen, Fiora«, sagte Linus kleinlaut. »Ich werde alles dafür tun, meinen Fehler wiedergutzumachen.«

»Das weiß ich doch, Linus.« Fiora blickte Paul und Lena ernst an. »Und wir müssen schleunigst herausfinden, wo der Weihnachtsmann steckt. Los geht's!«

Die Geschwister schlüpften in ihre Jacken und folgten Fiora durch die große Tür der Weihnachtsbäckerei hinaus in die eisige Kälte.

Es war jetzt fast dunkel, die Tannenbäume auf dem Abhang hinter der Weihnachtsbäckerei warfen lange Schatten.

»Nimm meine Hand«, sagte Lena.

Paul drückte ganz fest zu. Auf keinen Fall wollte er Lena in der Dunkelheit verlieren.

»Wo gehen wir eigentlich hin?«, fragte Paul.

»Zum Haus des Weihnachtsmannes«, antwortete Fiora.

## Das Haus des Weihnachtsmannes

Paul und Lena stapften durch den tiefen Schnee hinter Fiora her. Der Wind sauste ihnen um die Ohren, und in ihren Haaren setzten sich klitzekleine Eiskristalle fest. Sie liefen eine ganze Weile schweigend durch die wunderschöne, wie verzaubert wirkende Winterlandschaft. Das Purpurrot, das den Himmel färbte, wich nach und nach nächtlicher Dunkelheit, die sich über den Nordpol legte. Jetzt rächte sich, dass sie das Haus ihrer Oma ohne Socken verlassen hatten.

»Brr!«, machte Lena. »Ich spüre meine Zehen nicht mehr.«

»Wir sind gleich da. Schaut mal, da vorne ist es. Da, wo die Lampe brennt, seht ihr?« Fiora zeigte auf ein schwaches, in der Ferne schimmerndes Licht, das im Fenster eines Hauses zu sehen war. Das mächtige Blockhaus bestand aus riesigen Baumstämmen. Es hatte ein spitz zulaufendes Dach und eine kleine Veranda, direkt vor der Eingangstür. Die bodentiefen Fenster waren durch beige Gardinen vor Blicken neugieriger Wesen geschützt.

Paul biss die Zähne zusammen. *Nur noch ein paar Meter,* dachte er und lief zielstrebig auf das Haus des Weihnachtsmannes zu. Rund um das Haus konnte Paul nichts als Bäume erkennen. Bäume und Schnee.

Die Tür stand einen Spaltbreit offen.

»Claus!«, rief Fiora laut.

Niemand antwortete.

»Ihr bleibt hinter mir«, sagte Fiora. Vorsichtig öffnete sie die Tür und spähte ins Innere des Hauses. »Claus, bist du da?«

Doch wieder kam keine Antwort. Es war niemand da.

Wohlige Wärme empfing sie.

»Das tut gut!« Paul rieb seine Hände aneinander, die zu kribbeln begannen.

Auch Lena seufzte erleichtert auf. Schnell setzte sie sich auf den Boden und zog ihre Stiefel aus.

»Habt ihr etwa keine Socken an?«, fragte Fiora mit großen Augen.

»Dafür hatten wir keine Zeit«, antwortete Lena.

»Das gibt es doch nicht!« Fiora ging zu einem bunt bemalten Schrank, öffnete zielstrebig eine Schublade und kramte darin herum. Kurz darauf hielt sie zwei Paar herrlich bunte Weihnachtssocken in ihren Händen. Sie waren dunkelrot und verziert mit gestickten Christbaumkugeln, Lebkuchenmännchen und Zuckerstangen. *Genau wie die Bilder auf dem Rentierschlitten,* dachte Paul.

»Hier, ihr beiden, schlüpft schnell rein, dann geht es euch bald besser. Warme Füße sind wichtig. Wenn sie zu stark abkühlen, friert man am ganzen Körper.«

»Oh, vielen Dank«, sagte Lena begeistert.

Auch Paul bedankte sich. Die Socken waren wunderbar kuschelig. Neugierig schaute er sich im Zimmer um. In der Mitte des Raumes lag ein großer roter Teppich. Im Hintergrund knisterte ein Kamin, es roch nach Holz und Tannennadeln. Eine der Wände war mit lauter Uhren bestückt, deren Zeiger in unterschiedliche Richtungen zeigten. »Ich glaube, die Uhren sind kaputt!«

»Die funktionieren alle einwandfrei, Paul. Sie zeigen die Uhrzeiten der verschiedenen Länder an«, erklärte Fiora.

»Mama hat uns doch letztens die Zeitverschiebung erklärt, als wir mit Onkel Thomas in Australien telefonieren wollten, erinnerst du dich?«, fragte Lena.

»Stimmt.« Paul nickte.

»So, wie bei eurem Onkel ist es mit ganz vielen Menschen, die in anderen Ländern leben. Die Erde wurde in verschiedene Zeitzonen eingeteilt. In jeder der Zonen ist gerade eine andere Uhrzeit. Teilweise sogar ein anderer Tag. Und damit der Weihnachtsmann das nicht vergisst, hängen die Uhren an der Wand. Damit die Kinder alle zur richtigen Zeit ihre Geschenke bekommen.«

»Claus«, sagte Paul. »Du hast gerade nach Claus gerufen. Ist das sein Vorname?«

Fiora lächelte. »Er hat viele Namen, in jedem Land wird er anders genannt. Aber den Namen mag er am liebsten.« Sie seufzte. »Und so wie es aussieht, ist er tatsächlich nicht hier.«

»Und jetzt?«, fragte Lena.

»Die Rentiere!« Fiora schlug sich gegen die Stirn. »Sie stehen noch im Stall. Vielleicht weiß Rudolph etwas. Der Stall ist hinter dem Haus.«

»Worauf warten wir dann noch?«, rief Paul und stürmte nach draußen.

Durch das Fenster des Stalls blinkte ein Licht in allen möglichen Farben.

»Was ist das denn?«, rief Lena, die Paul zusammen mit Fiora gefolgt war.

Es war Rudolphs Nase, wie sie feststellten, als sie die Stalltür aufstießen. Sie leuchtete nicht mehr grün, sie blinkte abwechselnd in sämtlichen Farben, die man sich nur vorstellen kann.

»Ach du meine Güte!« Fiora schlug die Hände über dem Kopf zusammen. »So verrückt habe ich Rudolphs Nase noch nie leuchten sehen.«

# 17.

# Im Zuckerstangen-Wald

»Was ist denn los?«, fragte Fiora besorgt und legte beruhigend ihre Hand an den Kopf des Rentiers.

*Schade, dass Rentiere nicht sprechen können!*, dachte Paul. Er war sich sicher, dass Rudolph etwas Wichtiges gesehen hatte.

Aufgeregt scharrte das Rentier mit den Hufen und biss dabei in sein Geschirr. Es sah so aus, als wollte es sich daraus befreien. Auch die anderen Rentiere schienen nervös zu sein. Donner legte die Ohren an, Cupid tippelte auf der Stelle hin und her, und Blitzen schnaubte laut.

Rudolphs Nase begann jetzt immer schneller zu blinken, wie die Sirene eines Polizeiwagens. Mit dem kleinen Unterschied, dass die Nase des Rentiers noch immer die Farbe wechselte.

»Weißt du, wo der Weihnachtsmann ist, Rudolph?«, fragte Paul. »Kannst du uns vielleicht zu ihm führen?«

Wieder scharrte Rudolph. Diesmal bewegte er dabei seinen Kopf auf und ab.

»Also wenn das kein Ja war …«, sagte Lena und streichelte Rudolph hinter seinem Geweih.

Das Rentier röhrte, leise zwar, aber doch so plötzlich, dass Lena erschrocken ein ganzes Stück zurücksprang.

»Gute Idee, Rudolph!«, rief Fiora und befreite ihn aus seinem Geschirr. »Aufsteigen bitte.«

»Aufsteigen?«, fragte Lena mit großen Augen. »Wir beide?«

»So sind wir schneller. Kommt, ich helfe euch«, sagte Fiora, während sie Rudolph mit einem Flugkeks fütterte, den sie aus der Tasche ihres Kleides zauberte. »Ich fliege hinter euch her.«

Zuerst kletterte Paul auf Rudolphs Rücken. Obwohl das Rentier so groß war, fühlte er sich sicher. Er hielt sich an Rudolphs Geweih fest und wartete, bis Lena hinter ihm Platz genommen hatte und ihn mit ihren Armen umschlang. Dann beugte Paul sich zu Rudolphs Ohren vor. »Bring uns bitte zum Weihnachtsmann, Rudolph«, flüsterte er.

Rudolph galoppierte los. Als er nach wenigen Metern vom Boden abhob, hielt Paul kurz die Luft an. Lena rutschte noch ein Stück näher an Paul heran und hielt ihn ganz fest.

»Wir galoppieren auf einem Rentier durch die Luft«, jubelte sie. »Träumen wir?«

»Nein!« Paul drehte sich zu ihr um und lachte. »Das

erleben wir alles in echt!« Rudolphs Rücken fühlte sich warm und stark an. Sie flogen über eine weite Schneelandschaft hinweg, gerade so weit oben, dass sie noch gut erkennen konnten, was sich auf dem Boden abspielte. Sie entdeckten festlich geschmückte Tannenbäume und eine Kolonie aus Schneemännern, die mit den lustigsten Nasen bestückt waren. Statt einer Rübe zierten Kochlöffel, Pinsel, Wachsmalstifte und Nudelhölzer ihre Gesichter. Wer sie wohl gebaut hatte? Paul und Lena machten das auch immer zusammen, sobald der erste Schnee im Garten liegen blieb.

Kurz hinter der magischen Weihnachtsbäckerei landete Rudolph wieder. Er schnaubte, wobei sein Atem als weiße Wölkchen in den klirrend kalten Himmel stieg. Dann wandte er den Kopf und blickte in Richtung des Zuckerstangen-Wäldchens, das Lena und Paul schon bei ihrer Ankunft entdeckt hatten.

»Müssen wir etwa da rein?«, fragte Paul.

Rudolph nickte und setzte langsam einen Huf vor den anderen. Seine Nase leuchtete nun wieder grün und erhellte wie eine Taschenlampe den Weg, sodass sie gut sehen konnten. Fiora flatterte hinter ihnen her.

Trotzdem hatte Paul ein mulmiges Gefühl im Bauch, passend zur Farbe von Rudolphs Nase. Er machte sich Sorgen und hoffte, dass es dem Weihnachtsmann gut ging.

Als der Wald für Rudolph zu dicht wurde, blieb er auf einer kleinen Lichtung stehen und schnaubte laut auf. Paul schaute sich um. Die Nadelbäume standen dicht an dicht, es roch nach einer Mischung aus Harz und Tannengrün. Es war dunkel. Und still. Bis auf den Ruf eines Uhus in der Ferne war kein Mucks zu hören.

»Ich schätze, wir müssen allein weiter«, erklärte Fiora. »Die Tannen und Zuckerstangen wachsen hier viel zu dicht nebeneinander. Rudolph passt nicht hindurch.«

»Aber wir wissen doch überhaupt nicht, wohin wir gehen sollen. Und dunkel ist es auch ohne Rudolphs Nase«, protestierte Lena.

In dem Moment spürte Paul ein warmes Kribbeln in seiner Hosentasche. Er steckte seine Hand hinein und lächelte. Wie hatte er das nur vergessen können!

»Wir werden alles sehen können!«, sagte er stolz und holte den Funkelstern aus seiner Tasche, den die Elfen-Schornsteinfegerin ihm geschenkt hatte. Fest umschlossen hielt er den kleinen Stein in die Luft. Wie auf Kommando begann er zu leuchten. Es sah aus, als hätte Paul einen Stern vom Himmel geholt.

»Wow! Wie schön!« Lenas Augen leuchteten. Sie drehte sich um und blickte zu Rudolph. »Wir gehen jetzt allein weiter. Danke, Rudolph!«

Das Rentier schnaubte und blinzelte mit seinen großen, sanften Augen, als wollte es ihnen Mut machen.

»Schaut mal, ihr beiden, da vorne sind Fußspuren«,

sagte Fiora und zeigte in den Schnee. »Hier geht es entlang.«

Und tatsächlich: Ein paar Meter vor ihnen zeichneten sich die Spuren von großen Schuhen ab, die über die Lichtung und geradewegs weiter hinein in den Wald führten. Die Geschwister folgten Fiora. Immer wieder mussten sie über kleinere und größere Zuckerstangen klettern, die ihnen den Weg versperrten. Dann war es besonders gut, dass Paul den Funkelstern dabeihatte.

»Seht ihr das?«, fragte Lena plötzlich und blieb wie angewurzelt stehen. »Da ist ein schwaches Licht hinter den Tannen.«

»Das könnte eine Hütte sein. Die Spuren führen geradewegs darauf zu«, antwortete Fiora.

»Dann sollten wir uns beeilen.« Paul versuchte schneller zu gehen. Was, wenn der Weihnachtsmann in der Hütte gefangen gehalten wurde? Dann mussten sie ihm helfen! Doch sie kamen nur langsam voran, es schneite mittlerweile dicke Flocken vom Himmel, und der Wald wurde noch einmal dichter. Immer wieder raschelte es im Gestrüpp. Aufgeschreckte Eichhörnchen, Füchse und Vögelchen huschten umher.

Endlich hatten sie es geschafft. Und standen tatsächlich vor einer kleinen, etwas schiefen Hütte. Sie war etwa so groß wie der Schuppen in Omas Garten, hatte eine Tür und ein einziges Fenster, aus dem warmes Licht nach draußen drang.

## Tee mit dem Weihnachtsmann

Eine tiefe Stimme war zu hören, und kurz darauf ertönte ein Rumpeln.

»Um Himmels willen, das ist wirklich der Weihnachtsmann!«, rief Fiora. »Schnell! Wir müssen ihm helfen.« Sie stieß die Tür auf und stürmte in die Hütte hinein.

Paul packte Lena an der Hand. »Los, die beiden brauchen uns!« Entschlossen folgten die Geschwister der Elfen-Chefin.

Und da war er: Auf dem Boden, in der Mitte der Hütte saß der Weihnachtsmann und sah sie schmerzerfüllt – und etwas überrascht – an.

»Keine Sorge, Claus, wir holen dich hier raus«, rief Fiora. Hastig schaute sie sich nach allen Seiten um. »Wer ist der Schuft, der dich gefangen hält? Oder ist es eine Sie? Eine Elfin? Oder Fee?«

»Fiora, was machst du denn hier?«, fragte der Weihnachtsmann und rieb sich die Hüfte. »Autsch.«

»Wir sind gekommen, um dich zu retten«, erklärte Fiora, und ihre Stimme klang dabei ein bisschen stolz. »Wir haben schon einen ganz schön weiten Weg hinter uns.«

»Aha.« Der Weihnachtsmann erhob sich vom Boden. »Und ihr beiden, ihr seid wohl Fioras Unterstützung. Lena und Paul, wenn ich mich recht entsinne.«

Paul hätte wirklich gern irgendetwas Kluges oder Nettes gesagt, aber es hatte ihm die Sprache verschlagen. Vor ihm stand der Weihnachtsmann. Und er war viel größer und imposanter, als Paul ihn sich vorgestellt hatte. Bestimmt einen ganzen Kopf größer als Papa, obwohl Papa auch schon sehr groß war, fand Paul. Er trug eine rote Weihnachtsmann-Hose und ein weißes T-Shirt. Der Mantel und die Mütze fehlten jedoch. Was Paul am besten gefiel, waren die Augen des Weihnachtsmannes: Sie schienen die ganze Zeit zu lächeln.

Lena hatte sich schneller wieder gefangen. »Guten Abend, Herr Weihnachtsmann«, sagte sie.

»Hallo ihr beiden.« Der Weihnachtsmann lächelte Lena und Paul an. »Wie praktisch, dass ihr hier seid. Da könnt ihr direkt die Tassen für eure Großmutter mitnehmen, die der liebe Paul auf einen Wunschzettel gemalt hat.«

»Du hast ihn noch bekommen?« Paul vergaß seine Verlegenheit, so sehr freute er sich. »Danke!«

»So wie ich es sehe, habe ich euch zu danken. Die Tiere

des Waldes haben mir erzählt, dass ihr den magischen Backofen wieder entfacht habt.« Der Weihnachtsmann lächelte verschmitzt. »Gut, dass ihr beide auch einen Wunschzettel an mich geschickt habt.«

Paul schielte kurz zu Lena. Sie hatte also einen Wunschzettel geschrieben, obwohl sie bis gestern Nacht noch behauptet hatte, gar nicht an den Weihnachtsmann zu glauben. Aber das war jetzt egal. Wichtig war, dass sie den Weihnachtsmann gefunden hatten. Und dass es ihm gut ging.

»Setzt euch doch«, bot der Weihnachtsmann an und zeigte auf eine kleine Couch direkt unter dem Fenster.

»Setzen?« Fiora schnaubte laut auf. »Vielleicht bietest du uns auch noch eine Tasse Tee an. Und dazu etwas Gebäck?«

»Gute Idee!« Der Weihnachtsmann rieb sich die Hände. »Ein geselliges Beisammensein mit Freunden.«

»Sag mal, was ist denn eigentlich los mit dir, Claus?«, blaffte Fiora los. »Dafür haben wir nun wirklich keine Zeit. Solltest du nicht längst in der magischen Weihnachtsbäckerei sein, um dir deine Kekse abzuholen? Oder wie hast du dir vorgestellt, durch die Schornsteine der Menschenhäuser zu passen? Und überhaupt, was machst du eigentlich hier? Wir haben uns solche Sorgen um dich gemacht und gedacht, dass du überfallen wurdest und gefangen gehalten wirst.« Ihre Augen blitzten, die Wangen waren jetzt gerötet vor Zorn. »Und du lädst uns jetzt zum Tee ein? Ernsthaft?«

»Ach Fiora … In den vergangenen Jahrhunderten als Weihnachtsmann habe ich so viel erlebt. Da kann mich so ein bisschen vertrödelte Zeit ganz sicher nicht aus der Ruhe bringen«, brummte der Weihnachtsmann und strich sich über den langen weißen Bart. Ein bisschen erinnerte er Paul an Opa Heinz. Der hatte auch immer die Ruhe weg.

Fiora seufzte theatralisch. »Es ist kurz vor Heiligabend, lieber Claus, und damit wird es höchste Zeit! Was ist denn eigentlich hier passiert, bevor wir kamen?«

»Wie schade.« Der Weihnachtsmann rieb sich wieder über die Hüfte. »Bevor ihr gekommen seid, habe ich einen wunderbaren Brief eines Kindes gelesen, der mich zum Lachen gebracht hat. Dabei bin ich vom Stuhl gefallen.« Er deutete mit dem Kopf zu einem kleinen Holztisch an der Wand. Davor lag tatsächlich ein umgekippter Stuhl auf dem Boden. »In diese Hütte, die niemand außer mir kennt, ziehe ich mich hin und wieder zurück, um in Ruhe meine Weihnachtspost zu lesen. Eine Uhr gibt es nicht. Wenn ich hier bin, möchte ich von nichts abgelenkt werden.«

»Auch nicht von Heiligabend?«, Fiora zog missbilligend die Augenbrauen nach oben. *Oje*, dachte Paul, *gleich explodiert sie.*

»Das ist natürlich etwas anderes.« Der Weihnachtsmann nickte der Elfen-Chefin besänftigend und ein klitzekleines bisschen schuldbewusst zu. Dann drehte er sich um, schlüpfte in seinen Mantel, der an einem goldenen Haken an der Wand hing, und setzte seine große rote Mütze mit dem weißen Bommel auf. »Dann wollen wir mal«, sagte er und öffnete die Tür. Er steckte zwei Finger in den Mund, ein schriller Pfiff ertönte. »Wir werden abgeholt.«

Nur wenige Augenblicke später war der Wald von lautem Bellen erfüllt.

Mit großen Augen beobachtete Paul, wie zwischen den Bäumen ein Schlitten auf sie zukam. Es war ein Huskyschlitten! Wie durch Zauberhand schlängelte er sich durch den Wald.

## Eine Huskyschlittenfahrt

Paul sah, dass Lenas Wangen ganz rosig wurden vor Freude. Lena träumte nämlich schon lange davon, einmal in einem Hundeschlitten zu fahren. Sie liebte Hunde und wollte irgendwann mal einen eigenen haben. Paul warf dem Weihnachtsmann einen Blick zu. Bestimmt wusste er von Lenas Wunsch.

Lena kletterte zuerst in den offenen Schlitten, Paul setzte sich daneben, der Weihnachtsmann stellte sich hinter die beiden. Die acht Hunde bellten und wedelten aufgeregt mit dem Schwanz.

Der Weihnachtsmann drehte sich zu Fiora um. »Kümmerst du dich um die Rentiere?«

»Natürlich.« Sie flog sofort los.

»Gut festhalten, Lena und Paul«, rief der Weihnachtsmann und gab den Hunden mit einem kurzen »Jep!« das Startsignal.

Der Schlitten war wendig, und die Hunde schienen genau zu wissen, wo sie entlanglaufen mussten. Mühelos durchquerten sie den dichten Zuckerstangen-Wald. Dann fuhren sie wie der Wind durch die Schneelandschaft, die im Mondschein silbern glitzerte.

»Wir machen einen Umweg«, rief der Weihnachtsmann. »Das dauert zwar etwas länger, aber dafür ist die Landschaft schöner. Haltet euch fest!«

Schneehasen liefen neben ihnen um die Wette. Paul entdeckte einen Schneefuchs in der Ferne, der auf der Lauer lag.

»Gibt es hier eigentlich auch Eisbären?«, fragte er.

»Natürlich, jede Menge!«, antwortete der Weihnachtsmann. »Bei uns leben sie unter besonderem Schutz. Wenn ihr das nächste Mal zum Nordpol kommt, können wir sie gern mal zusammen besuchen.«

Paul piekte Lena unauffällig in die Seite. Sie grinste mindestens genauso breit wie er. Sie hatte also auch mitbekommen, was der Weihnachtsmann gesagt hatte: *Das nächste Mal ...* Das konnte nur eines bedeuten: Sie würden wiederkommen!

Die Hundeschlittenfahrt ging für Pauls Geschmack viel zu schnell vorbei. Am liebsten wäre er noch viel länger mit dem Weihnachtsmann durch den Schnee gefahren. Aber natürlich gab es gerade Wichtigeres zu tun! Sie waren wieder bei der Bäckerei angekommen. Paul hoffte von ganzem Herzen, dass die fleißigen Back-Elfen, -Zwerge, -Wichtel, -Feen und -Gnome rechtzeitig mit dem Backen fertig geworden waren.

    Und genauso war es auch.

## Abschied von der magischen Weihnachtsbäckerei

Die magische Weihnachtsbäckerei erstrahlte in einem besonderen Glanz. Als die Kinder und der Weihnachtsmann eintraten, wurden sie von erleichterten Zurufen, freudigem Gemurmel, aufgeregtem Gejubel und glückseligen Seufzern empfangen. Alles war blitzblank geputzt und aufgeräumt. Die fleißigen Bäckerinnen und Bäcker hatten die Tische zu einer langen Tafel zusammengeschoben, unterhielten sich und naschten dabei von den Köstlichkeiten, die sie alle gemeinsam hergestellt hatten: Sterntaler, Gute-Laune-Würfel, Traumstücke, Schokoschneekugeln, Schokoweihnachtsbäume, Gute-Wünsche-Kekse und noch vielerlei mehr. Überall auf den Tischen türmten sich Berge an himmlisch duftendem und wunderschön anzusehendem Weihnachtsgebäck.

Fiora kam kurz nach ihnen an. Sie lachte glücklich,

als sie sah, welches Wunder die Helferinnen und Helfer während ihrer Abwesenheit vollbracht hatten.

»Es ist alles vorbereitet!«, sagte Linus zum Weihnachtsmann. »In deinem Schlitten wartet ein Paket Schornsteinkipferl, eine Schachtel deiner Lieblings-Knusperhörnchen, ein Beutel Flug-Cookies, und genügend Kraftklotze und Mutstangen für die Rentiere sind auch dabei. Rudolph kennt die Flugkarte, er hat einen Wegweisestern bekommen. Er weiß genau, in welcher Reihenfolge die Kinder angeflogen werden müssen. Weihnachten kann kommen!« Linus lächelte verlegen. »Entschuldigt habe ich mich auch. Bei all meinen Freundinnen und Freunden, die durch mich heute so viel mehr Arbeit hatten. In Zukunft sage ich gleich, was los ist, versprochen!«

»Mein lieber Freund. Wir alle machen dann und wann Fehler. Ich danke dir für deine Ehrlichkeit und bin froh, dich an meiner Seite zu wissen«, sagte der Weihnachtsmann und lächelte gutmütig. »Wer weiß, was passiert wäre, wenn du mich nicht gesucht und festgestellt hättest, dass ich nicht in meiner Hütte bin.«

»Danke.« Linus stand die Erleichterung ins Gesicht geschrieben. »Aber Weihnachtsmann, woher weißt du das eigentlich alles?«

»Der Wind hat es mir zugeflüstert«, sagte der Weihnachtsmann geheimnisvoll. »Und der Wind weiß alles.«

Von Fiora schien jegliche Anspannung abgefallen zu sein. Sie strahlte über das ganze Gesicht. »Weihnachten ist gerettet, ihr Lieben!«, rief sie und klatschte in die Hände. Plötzlich begannen die Gnome, Elfen, Zwerge, Feen, Kobolde – einfach alle zauberhaften Wesen – zu jubeln. Sie warfen goldenes Lametta in die Luft und fielen sich glücklich in die Arme. Einige von ihnen umringten die Geschwister und bedankten sich bei ihnen. Eine kleine Fee drückte Paul einen Kuss auf die Stirn, und zwei Gnome wollten Lena überreden, bei ihnen am Nordpol zu bleiben. Paul beobachtete seine Schwester lächelnd, als er auf einmal einen lieblichen Duft von Vanille in der Luft erschnupperte.

Die Back-Elfin war zu ihnen geflogen. Und sie hatte den Konfitürenmeister mitgebracht. Er hielt die Arme hinter dem Rücken, so als würde er dort etwas verstecken.

»Lieber Paul, liebe Lena«, Vanilla klang sehr feierlich. »Als Dankeschön für eure Hilfe möchte ich euch unsere magischen Backrezepte mit nach Hause geben. Die Gnome und Kobolde haben sie für euch aufgeschrieben.« Sie sah zum Konfitürenmeister. »Würdest du bitte, Gustav Gelee?«

»Aber natürlich, sehr gern, Vanilla«, sagte Gustav und hielt Paul und Lena ein in roten Samt gebundenes Buch hin.

»Das sind die Rezepte der magischen Weihnachtsbäckerei, die heute hier gebacken wurden«, erklärte Fiora.

»Wie toll!«, flüsterte Lena.

Und das fand Paul auch. Das war das schönste Geschenk, das er sich gerade vorstellen konnte.

Da stupste ihn Lena sanft in die Seite. Paul nahm das Buch entgegen und strich behutsam mit dem Finger über den samtigen Einband. Sein Körper kribbelte überall, so sehr freute er sich darüber.

»Danke!«, sagte er glücklich und ein wenig traurig zugleich. »Ich werde euch vermissen.«

»Und ich euch auch …«

Bevor Lena weitersprechen konnte, flogen mit einem lauten Rumms alle Fenster und die Tür der magischen Weihnachtsbäckerei auf. Ein eisiger Windstoß fegte durch den Raum. Schnee wirbelte durch die Luft, und einen Moment lang konnte Paul nicht einmal Lena neben sich erkennen.

»Feierabend! Die Welt ist wieder pudrig weiß«, ertönte

es, gefolgt von einem frechen Kichern. Ferdinand Frost drehte auf seinen Skiern eine Runde durch die magische Weihnachtsbäckerei und verschwand genauso schnell, wie er aufgetaucht war, in der weißen Winterwelt.

»Dieser Ferdinand ...«, sagte Fiora und wischte sich eine Schweißperle von der Stirn. Für einen kurzen Moment wirkten auch Fiora, Gustav und Linus ein wenig angespannt. Nur der Weihnachtsmann grinste gelassen vor sich hin und zwinkerte Paul zu.

Alle freuten sich. Aber Paul war noch immer traurig. Er würde sie alle so vermissen, wenn sie wieder zu Hause waren. Und Lena schien es genauso zu gehen. Sie stand still mitten im Raum und sagte kein Wort. Da griff Paul nach ihrer Hand. Immerhin hatten sie noch sich. Und sie wussten, dass sie irgendwann wieder zum Nordpol reisen würden.

»Wollen wir, Lena und Paul?«, fragte der Weihnachtsmann da plötzlich. »Seid ihr bereit?«

»Für was?«, fragte Paul. Und wie so oft an diesem ungewöhnlichen Tag fing sein Herz vor Aufregung etwas schneller an zu klopfen.

Der Weihnachtsmann stupste Paul mit dem Zeigefinger gegen die Nase. »Du erinnerst mich ein klein wenig an Rudolph. Wenn du ein Rentier wärst, würde deine Nase jetzt sicher rot leuchten.«

Lena fing an zu kichern. »Das wäre lustig.«

»Ja, das finde ich auch.« Der Weihnachtsmann lachte

laut. »Besonders, weil ihr Geschwister seid, und deine Nase dann bestimmt auch leuchten würde.«

»Lieber nicht«, sagte Lena schnell.

»Ein bisschen Spaß muss sein.« Der Weihnachtsmann nahm Paul an die linke und Lena an die rechte Hand. »Jetzt müssen wir aber wirklich los. Die Geschenke müssen verteilt werden. Ihr helft mir doch, oder?«

Paul war so verblüfft über die Frage, dass er alles um sich herum vergaß. Eine Träne kullerte über seine Wange, aber er wischte sie schnell weg. Er hatte schon davon gehört, dass man vor Freude weinen konnte. Nun wusste er, wie sich das anfühlte. Sein ganzer Körper kribbelte wieder angenehm. So wie in dem Moment, als er das Backbuch berührt hatte. Paul war sich sicher: Wäre er ein Rentier, dann würde seine Nase jetzt rosa leuchten vor Glück.

## Heiligabend

Den ganzen Tag hatte Paul mit Lena in der Küche gestanden und magische Plätzchen gebacken. Oma hatte ihnen geholfen, die heißen Backbleche aus dem Ofen zu ziehen. Aber sonst hatten Paul und Lena alles allein geschafft. Sogar das Marzipan für die Elfenküsse hatten sie selbst hergestellt, Vanillas Lieblingslebkuchen, jede Menge Schokoschneekugeln und welche aus Kokos und Marzipan. Und natürlich einen Weihnachtsgugelhupf, den es gleich zum Nachtisch geben würde. Der war perfekt gelungen. Immerhin hatten Paul und Lena in der magischen Weihnachtsbäckerei ausgeholfen und waren jetzt fast Profis. Oma hatten sie erzählt, woher das Buch stammte.

»Das ist ja eine schöne Geschichte«, hatte Oma gesagt und den roten Samteinband des magischen Backbuchs und die vielen fein gezeichneten Plätzchen darin bewundert. Da hatten die Geschwister sich verschwörerisch angegrinst. Nur die beiden wussten, dass das alles wirklich passiert und nicht nur einfach eine Geschichte war.

Paul und Lena saßen auf dem Bett in ihrem Zimmer. Sie naschten Glücksknuspernougat und warteten darauf, dass Mama oder Papa das Glöckchen läuteten. Das war das Zeichen dafür, dass der Weihnachtsmann die Geschenke gebracht hatte. Und wie jedes Jahr wollte die Zeit nicht vergehen. Im Warten war Paul überhaupt nicht gut. Er war viel zu neugierig, was er geschenkt bekommen würde. Er wusste zwar, über was seine Freunde sich heute freuen würden, weil er dem Weihnachtsmann ja beim Verteilen der Päckchen geholfen hatte. Aber sein eigenes Geschenk hatte er sich natürlich nicht selbst bringen dürfen. Er hatte es nicht einmal gesehen. Darauf hat der Weihnachtsmann höchstpersönlich aufgepasst. Und auch auf Lenas.

Seine Schwester malte mit einem braunen Stift lauter kleine Rentiere auf ein Blatt Papier. Eins davon hatte eine grüne Nase.

»Ich wünsche mir, dass wir all unsere Freunde am Nordpol wirklich wiedersehen«, sagte Paul.

»Ganz bestimmt!« Lena blickte auf und lächelte ihn an. »Der Weihnachtsmann sagt nichts ohne Grund.« Sie sah auf die Uhr. »Gleich sechs!«

Und da läutete auch schon das Glöckchen.

Lena streckte ihre Hand nach Paul aus.

Hand in Hand, so wie am Vorweihnachtsabend, als Rudolph mit seiner grünen Nase in Omas Garten gelandet war, gingen sie die Treppe hinunter.

Mama, Papa und Oma standen vor dem festlich geschmückten Tannenbaum und strahlten fast noch heller als die vielen kleinen Lämpchen der Lichterkette. Im Hintergrund lief leise ein Weihnachtslied, und es duftete nach getrockneten Orangenscheiben.

»Habt ihr das gehört?«, fragte Mama. »Ich glaube, der Weihnachtsmann war da.«

»Und Ferdinand war auch da«, sagte Lena und stupste Paul an. »Guck mal zum Fenster.«

»Schnee!«, rief Paul.

»Ja.« Mama lachte. »Da hat bestimmt jemand ein gutes Wort beim Weihnachtsmann eingelegt, dass er es extra für euch schneien lässt.«

Lena kicherte.

*Wenn Mama wüsste,* dachte Paul.

»Wollt ihr gar nicht wissen, was euch der Weihnachtsmann gebracht hat?«, fragte Papa.

Paul lief zum Baum.

Er platzte fast vor Neugierde. Aber erst einmal waren die anderen dran. Er holte ein hübsch eingewickeltes Päckchen nach dem anderen unter dem Tannenbaum hervor und verteilte sie an seine Familie. Sein Paket nahm er sich als letztes. Es war groß und schwer. Nacheinander packten alle ihre Geschenke aus. Es gab ein neues Portemonnaie für Papa, einen kuschelweichen Schal für Mama und ein Paar Schlittschuhe für Lena. Nun war Oma an der Reihe. Behutsam zog sie die kleinen Klebestreifen von dem bunten Papier ab. Gespannt schauten Paul und Lena zu.

»Wie schön! Neue Tassen, das passt ja prima.« Oma hielt vier hübsche blau-weiß gepunktete Henkeltassen in die Höhe und zwinkerte Paul und Lena zu.

»Jetzt bist du dran, Schatz«, sagte Mama zu Paul.

Endlich! Paul riss das Geschenkpapier in Windeseile auf. »Woah! Wie cool! Genau das, was ich mir gewünscht habe«, rief er da auch schon. »Ein Teleskop! Das ist der Wahnsinn!« Er sah zum Fenster hinaus. Immer noch fielen dicke Schneeflocken vom Himmel. »Danke, Weihnachtsmann!«, flüsterte er.

»Wir haben auch überlegt, ob wir dir einen kleinen Hund schenken, Lena«, sagte Mama. »Also eigentlich meinen wir, einen Familienhund für uns alle. Wir finden, dass es noch ein wenig früh dafür ist. Aber wenn du im Sommer zehn wirst ...«

Lena fiel Mama um den Hals. »So lange kann ich gerade noch warten, Mama.«

Eine ganze Weile saß die Familie beisammen. Sie aßen Kekse, tranken warmen Weihnachtspunsch, sangen Lieder und spielten miteinander.

»Dürfen wir hochgehen und mein Teleskop ausprobieren?«, fragte Paul, nachdem Lena haushoch beim Kniffeln gewonnen hatte.

»Natürlich, viel Spaß!«, sagte Papa und lächelte.

Gemeinsam trugen Lena und Paul das schwere Teleskop nach oben in Pauls Zimmer. Zusammengebaut hatten sie es bereits mit Mama, Papa und Oma im Wohnzimmer.

»Möchtest du zuerst durchschauen, Lena?«, fragte Paul seine Schwester.

Das ließ Lena sich nicht zweimal sagen. Sie schaute mit einem Auge durch das Teleskop, kniff das andere fest zusammen und sprang gleich wieder einen Schritt zurück.

»Schnell, Paul, das musst du dir angucken.«

Paul bekam eine Gänsehaut. Lena legte den Arm um ihn, als er den Kopf senkte und durch das Teleskop in den Himmel schaute. Hoch oben in weiter Ferne sah er den Weihnachtsmann in seinem Rentierschlitten. In diesem Moment drehte er den Kopf und schien Paul geradewegs anzusehen. Dann zwinkerte er, bevor er den Rentieren etwas zurief. Alle waren sie da: Dasher, Dancer, Prancer, Vixen, Comet, Cupid, Donner, Blitzen. Und ganz vorne, den anderen voran, lief Rudolph durch die Wolken, dessen Nasse für einen kurzen Augenblick in sämtlichen Farben des Regenbogens schillerte, bevor sie wieder rot leuchtete.

Da ging plötzlich die Tür auf. Oma kam ins Zimmer.

»Was ich euch die ganze Zeit schon fragen wollte«, sagte sie und zeigte auf Lenas und Pauls Füße. »Wer hat euch eigentlich die hübschen Weihnachtsstrümpfe geschenkt?«

»Die Elfen-Chefin Fiora«, antworteten Paul und Lena gleichzeitig.

»Ach ja?« Oma lachte ihr helles, fröhliches Lachen, und Paul und Lena stimmten ausgelassen ein. Das Weihnachtsfest war wunderschön!

Als Paul spät am Abend in seinem Bett lag, zog er die Decke über seinen Kopf. Er öffnete seine Faust, in der ein grauer Stein lag. In der Dunkelheit fing der Stein an zu leuchten, wie ein kleiner Stern, der sein Licht strahlenförmig verteilte.

# Magische Backrezepte

1. Magische Vorfreude-Vanillekipferl
2. Schneeflöckchen
3. Wegweisesterne
4. Kraftklotze
5. Glücksknuspernougat
6. Flug-Cookies
7. Schornsteinkipferl
8. Energiekugeln
9. Mutstangen
10. Freundschaftsherzen am Stiel
11. Wunschbrunnen
12. Mandelwölkchen
13. Traumstücke
14. Elfenküsse
15. Pauls Lieblingskonfitüre aus Birnen
16. Weihnachtskonfitüre
17. Schokoweihnachtsbäume
18. Gute-Wünsche-Kekse
19. Gute-Laune-Würfel
20. Schokoschneekugeln
21. Kleine Knusperhörnchen
22. Vanillas Lieblingslebkuchen
23. Kokos-Marzipan-Schneekugeln
24. Weihnachtsgugelhupf

# Geheimtipps aus der Weihnachtsbäckerei

So schmilzt du Schokolade im Wasserbad
So stellst du dein eigenes Marzipan her

# 1. Magische Vorfreude-Vanillekipferl

**Was du für 2 Bleche mit jeweils 24 Vanillekipferl brauchst:**

300 g Mehl
100 g Mandeln
100 g Puderzucker
2 Päckchen Vanillezucker
1 Prise Salz
250 g kalte Butter

Und zum Wälzen:
100 g Puderzucker
1 Päckchen Vanillezucker

**Wie du die Vanillekipferl zubereitest:**

- Das Mehl mit den Mandeln, dem Puderzucker, dem Salz und dem Vanillezucker in einer großen Schüssel mischen.
- Die Butter in Würfel schneiden und dazugeben.
- Alles mit den Händen oder im Mixer rasch zu einem glatten Teig kneten.
- In vier Portionen teilen.
- In Folie wickeln und für eine Stunde in den Kühlschrank stellen.
- Den Backofen auf 170 Grad Umluft vorheizen.
- Die beiden Backbleche mit Backpapier belegen.
- Den Teig portionsweise aus dem Kühlschrank nehmen.
- Walnussgroße Teigstücke zu Hörnchen formen und mit etwas Abstand auf das vorbereitete Blech legen.
- Die Kipferl etwa 10 Minuten backen. Sie sollen schön hell bleiben.
- Den Puderzucker zum Wälzen in eine große Schüssel sieben. Mit dem Vanillezucker mischen. Die noch heißen Kipferl darin wälzen.
- Dabei sehr behutsam mit den Kipferl umgehen, damit sie nicht auseinanderbrechen.

## 2. Schneeflöckchen

**Was du für 2 Bleche mit jeweils
40 bis 45 kleinen Schneeflöckchen brauchst:**

*250 g Butter*
*80 g Puderzucker*
*3 Päckchen Vanillezucker*
*250 g Speisestärke*
*100 g Mehl*

**Wie du die Schneeflöckchen zubereitest:**

- Die Butter mit dem Puderzucker und dem Vanillezucker in einer großen Schüssel cremig rühren. Das geht am besten mit einem elektrischen Handrührgerät oder der Küchenmaschine.
- Die Speisestärke mit dem Mehl mischen und mit der Buttermischung verkneten.
- Nun muss der Teig für eine halbe Stunde in den Kühlschrank.
- Anschließend ein Blech mit Backpapier auslegen.
- Den Ofen auf 170 Grad Umluft vorheizen.
- Etwa haselnussgroße Kugeln aus dem Teig formen und mit etwas Abstand auf das Backpapier setzen.
- Nun mit den Spitzen einer Kuchengabel die Kugeln am Rand eindrücken. So entsteht ein hübsches Schneeflockenmuster.
- Die Schneeflöckchen 10 bis 12 Minuten backen. Sie dürfen nicht zu braun werden.
- 10 Minuten abkühlen lassen und zum Schluss durch ein kleines Sieb mit Puderzucker bestäuben.

# 3. Wegweisesterne

### Was du für 2 Bleche mit jeweils etwa 14 großen Wegweisesternen brauchst:

- Für die Wegweisesterne brauchst du eine große Sternen-Ausstechform mit 5 Zacken.

*125 g weiche Butter*
*100 g Puderzucker*
*250 g Mehl*
*1/2 Teelöffel Backpulver*
*1 Päckchen Vanillezucker*
*1 Ei*
*Mandelkerne*

*Schokozuckerguss:*
*50 g Puderzucker*
*1 Teelöffel Kakao*
*Ganz wenig Wasser*

### Wie du die Wegweisesterne zubereitest:

- Die weiche Butter mit dem Puderzucker cremig rühren.
- Das Mehl, das Backpulver, den Vanillezucker, das Ei und die Mandelkerne dazugeben und mit den Händen schnell zu einem Mürbeteig kneten.
- Den Teig für 30 Minuten in den Kühlschrank stellen.
- Den Backofen auf 160 Grad Umluft vorheizen.
- Arbeitsfläche mit Mehl bestreuen, Teig ca. 3-4 mm dick ausrollen und mit einer etwas größeren Sternenform ausstechen. Vorsichtig eine Mandel in die Mitte drücken und einen »Arm« des Sterns darüberlegen.
- Auf ein mit Backpapier ausgelegtes Blech legen und 10 Minuten backen. Die Sterne sollen dabei schön hell bleiben.
- Abkühlen lassen.
- Für den Schokozuckerguss den Puderzucker und den Kakao verrühren. Nach und nach ein paar Tropfen Wasser hinzugeben und unterrühren. Der Guss soll schön dick bleiben.
- Mit einem Holzstäbchen Augen und Mund auf den Stern malen.

# 4. Kraftklotze

### Was du für etwa 9 bis 12 Kraftklotze brauchst:

*200g Butter*
*120 g brauner Zucker*
*2 Päckchen Vanillezucker*
*1 gute Prise Salz*
*500 g zarte Haferflocken*
*4 Esslöffel Honig*
*2 reife Bananen*
*150 g Nüsse oder Trockenfrüchte*
*oder Schokostückchen*

### Wie du die Kraftklotze zubereitest:

- Den Backofen auf 160 Grad Umluft vorheizen.
- Die Butter bei niedriger Temperatur in einem Topf schmelzen.
- Den Zucker, den Vanillezucker und das Salz unterrühren.
- Die Haferflocken und den Honig hinzugeben und vermengen.
- Die Bananen zerdrücken und untermischen.
- Zum Schluss die Nüsse unterrühren. Du kannst aber auch Rosinen oder Cranberrys oder Schokostückchen nehmen.
- Ein Backblech mit Backpapier auslegen.
- Nun die Masse etwa 3 Zentimeter hoch in einer Backform – z. B. 22 × 22 cm – verteilen und mit einem Löffel gut andrücken.
- Die Riegel werden jetzt in zwei Etappen gebacken:
- Zunächst die Form auf das Blech in den Backofen stellen. Erst einmal 15 Minuten backen, dann aus dem Ofen nehmen. Behutsam aus der Form stürzen und vorsichtig zurechtschneiden. Du kannst selbst entscheiden, wie groß die Riegel sein sollen.
- Die Riegel nun direkt auf das Backblech geben – mit der Seite nach oben, die vorher in der Form unten war.
- Weitere 10 Minuten backen, aus dem Ofen nehmen und auskühlen lassen.

# 5. Glücksknuspernougat

**Was du für 50 kleine Nougatstücke brauchst:**

*150 g Mandelblättchen*
*300 g gute Vollmilchschokolade*
*50 g Haselnussmus oder Mandelmus*
*(keine Schokocreme, sondern reines*
*Mus ohne Zucker)*

**Wie du das Glücksknuspernougat zubereitest:**

- Eine kleine Backform oder Auflaufform mit Backpapier auslegen.
- Die Form sollte nicht zu groß sein, sondern etwa so wie eine doppelte Tafel Schokolade.
- Nun zuerst die Mandelblättchen in einer großen Pfanne ohne Fett etwas bräunen. Nicht zu viel, sie brennen schnell an.
- Jetzt die Vollmilchschokolade im Wasserbad schmelzen (wie das funktioniert, kannst du auf Seite 158 nachlesen). Das Nussmus oder Mandelmus unter die geschmolzene Schokolade rühren. Die Mandelblättchen dazugeben und alles gut vermengen.
- Die Masse in die vorbereitete Form gießen und fest werden lassen. In kleine Stückchen schneiden.
- Das Nougat knuspert beim Naschen.

# 6. Flug-Cookies

**Was du für 1 Backblech mit 9 großen Cookies brauchst:**

*125 g weiche Butter*
*100 g brauner Zucker*
*1 Ei*
*1 Prise Salz*
*200 g zarte Haferflocken*

**Wie du die Flug-Cookies zubereitest:**

- Du kannst ruhig schon mal den Ofen auf 180 Grad Umluft vorheizen und ein Backblech mit Backpapier auslegen.
- Die Butter mit dem Zucker und dem Salz schaumig schlagen, bis sich der Zucker gut aufgelöst hat. Das braucht etwas Zeit. Am besten arbeitest du mit einem elektrischen Handrührgerät oder einer Küchenmaschine. Wenn du nicht lange genug rührst, knirschen die Zuckerkörner, wenn du die Cookies isst.
- Nun das Ei und die Hälfte der Haferflocken mit der Butter-Zucker-Masse verrühren, bis sich alles zu einer glatten Masse verbunden hat.
- Jetzt auch die restlichen Haferflocken kurz unterrühren (sie dürfen ruhig etwas grober im Teig bleiben).
- Mit 2 Löffeln 9 Kugeln formen, auf das Backblech setzten und etwas plattdrücken.
- Etwa 13-15 Minuten backen, bis die Ränder leicht gebräunt sind.

# 7. Schornsteinkipferl

**Was du für 2 Bleche mit jeweils etwa 24 Schornsteinkipferl brauchst:**

50 g Zartbitterschokolade
150 g Mehl
1 Esslöffel Kakao
60 g gemahlene Mandeln
50 g Puderzucker
1 Prise Salz
1 Eigelb (Größe M)
120 g kalte Butter

Und für die Deko:
50 g Zartbitterschokolade

**Wie du die Schornsteinkipferl zubereitest:**

- 50 g Schokolade über einem heißen Wasserbad schmelzen (wie das funktioniert, kannst du auf Seite 158 nachlesen) und wieder abkühlen lassen. Sie darf aber nicht weder fest werden.
- Nun alle Zutaten (bis auf die 50 g Schokolade für die Deko) mit den Händen kneten, bis du einen glatten Teig hast, den du anschließend zu einer 4 cm dicken Rolle formst.
- In Folie wickeln und für gut eine halbe Stunde kaltstellen.
- Den Ofen auf 160 Grad Umluft vorheizen.
- 2 Backbleche mit Backpapier auslegen. Vom Teig immer etwa 1 cm dicke Scheiben abschneiden und daraus Kipferl formen. Die Kipferl auf den Backblechen verteilen und nacheinander im heißen Ofen für etwa 10-12 Minuten backen. Auf einem Kuchengitter auskühlen lassen.
- Nun die Schokolade für die Deko im Wasserbad schmelzen.
- Die ausgekühlten Schornsteinkipferl mit den Spitzen in geschmolzene Schokolade tauchen, oder die Schokolade in einem dünnen Strahl über die Kipferl laufen lassen.

# 8. Energiekugeln

### Was du für 20 Energiekugeln brauchst:

*175 g Datteln*
*100 g geröstete Haselnüsse*
*25 g Backkakao*

*Zum Wälzen:*
*3 Esslöffel Backkakao*

### Wie du die Energiekugeln zubereitest:

- Alle Zutaten in einen Mixer oder eine Küchenmaschine geben und so lange mixen, bis eine glatte Masse entsteht. Du kannst auch einen Pürierstab dafür benutzen.
- Die Masse aus dem Gerät nehmen und noch einmal kurz mit den Händen nachkneten.
- Aus der Masse eine Rolle formen, diese in 20 gleich große Teile schneiden und zu Kugeln rollen.
- Du kannst die Kugeln jetzt noch in etwas Kakaopulver wälzen, wenn du magst.

# 9. Mutstangen

**Was du für 1 Backblech mit 20 bis 25 Mutstangen brauchst:**

Für den Boden:
250 g Mehl
70 g Zucker
125 g Butter
1 Ei

Für den Belag:
1 Glas (etwa 350 g) Marmelade (deine Lieblingsmarmelade. Oder die von Paul? Du findest sie auf Seite 146.)

Für die Streusel:
150 g Mehl
100 g Zucker
100 g Butter
50 g gemahlene Mandeln

**Wie du die Mutstangen zubereitest:**

- Alle Zutaten für den Boden miteinander verkneten. Zu einer Kugel formen, etwas plattdrücken. Mit Folie einwickeln und 30 Minuten kaltstellen.
- Den Backofen auf 180 Grad Umluft vorheizen.
- Ein Backpapier auf Größe des Backbleches zuschneiden.
- Den Teig dünn darauf ausrollen und auf das Blech legen.
- Mehrmals mit einer Gabel einstechen, dann die Marmelade auf dem Teig verstreichen.
- Die Zutaten für die Streusel mit den Fingern zu Streuseln kneten.
- Die Streusel auf die Marmelade streuen.
- Etwa 12-15 Minuten backen.
- Nach dem Backen sofort in Streifen beliebiger Größe schneiden und auf einem Gitter auskühlen lassen.
- Die Konfitüre kannst du auch ganz leicht selbst machen. So wie in Rezept 15 und 16.

# 10. Freundschaftsherzen am Stiel

**Was du für 1 Backblech mit 18 Freundschaftsherzen brauchst:**

1 Herz-Ausstechform.
Da passt jede Größe. Bei einer kleineren Form bekommst du mehr Freundschaftsherzen. Bei einer größeren Form hast du mehr zum Knabbern! Für ein Freundschaftsherz brauchst du zwei Plätzchen. Wenn du 18 Stück haben willst, musst du also 36 Herzen ausstechen.

300 g Mehl
100 g Puderzucker
1 Päckchen Vanillezucker
1 Prise Salz
1 Ei
200 g Butter

18 Holzstiele zum Backen (oder mehr)

Für die Füllung:
100 g rote Konfitüre (Himbeere, Kirsche, Johannisbeere)

Zum Bestreichen:
1 Eigelb und 1 Teelöffel Wasser

**Wie du die Freundschaftsherzen zubereitest:**

- Das Mehl auf die Arbeitsfläche geben und in die Mitte eine Mulde drücken. In die Mulde den Puderzucker, den Vanillezucker, das Salz und das Ei geben.
- Die kalte Butter in kleine Stücke schneiden, auf dem Mehl verteilen.
- Dann alles schnell zu einem glatten Teig verkneten. Du kannst aber auch eine Küchenmaschine für dich arbeiten lassen.
- Anschließend den Teig in Folie gewickelt für etwa 30 Minuten in den Kühlschrank legen.
- Den Backofen auf 160 Grad Umluft vorheizen.
- Die Arbeitsfläche mit Mehl bestäuben. Den Teig darauf dünn ausrollen und Herzen ausstechen.
- Auf die Hälfte der Herzen einen Klecks Marmelade geben. Einen Stiel auf das Herz und in die Marmelade legen. Nun das Herz mit einem zweiten Herz bedecken. Dabei die Ränder mit der Marmelade etwas festdrücken.
- Auf das Backpapier legen.
- Das Eigelb mit dem Wasser verquirlen und die Herzen dünn damit bepinseln.
- Etwa 12 Minuten backen.
- Du kannst die Herzen nach dem Backen auch mit geschmolzener Schokolade bestreichen. Oder mit einer Puderzuckerglasur wie bei den Gute-Laune-Würfeln.

# 11. Wunschbrunnen

*Am besten gelingen die kleinen Wunschbrunnen, wenn du sie in kleinen Mini-Muffinförmchen backst. Wenn du sie ohne Förmchen backst, schmecken sie genauso gut. Aber sie werden etwas flacher.*

**Was du für etwa 20 kleine Wunschbrunnen auf einem Backblech brauchst:**

200 g kalte Butter
240 g Mehl
60 g Kartoffelstärke
100 g Puderzucker
1 Päckchen Bourbon-Vanillezucker
1 Teelöffel Backpulver
1 Prise Salz

Für die Füllung:
80 g Konfitüre, z. B. die leckere Birnenkonfitüre auf Seite 146

**Wie du die Wunschbrunnen zubereitest:**

- Den Ofen auf 160 Grad Umluft vorheizen.
- Die kalte Butter in kleine Stücke schneiden. Alle anderen Zutaten (bis auf die Marmelade) dazugeben. Mit den Händen zu einem festen Teig kneten. Du kannst natürlich auch alle Zutaten mit der Küchenmaschine verarbeiten.
- Den Teig in zwei Hälften teilen. Zu zwei Rollen formen und jede Rolle in 20 gleich große Stücke schneiden. Diese zu Kugeln rollen und auf das Backblech setzen.
- Mit dem Finger eine kleine Vertiefung in die Kugeln drücken und einen Klecks Marmelade hineinfüllen.
- 10-12 Minuten backen. Abkühlen lassen.

# 12. Mandelwölkchen

**Was du für 2 Bleche mit jeweils etwa 20 Mandelwölkchen brauchst:**

4 Eiweiße (Größe L, etwa 140 Gramm)
600 g gemahlene Mandeln (ohne Haut)
200 g Puderzucker
1 gute Prise Salz

Und für die Deko:
50 g Mandelblättchen
Etwas Puderzucker

**Wie du die Mandelwölkchen zubereitest:**

- Zuerst musst du die Eiweiße in einer großen Schüssel mit einem Schneebesen, dem Handrührgerät oder im Mixer kurz durchmixen. (Nicht schaumig rühren, nur etwas Luft reinschlagen.)
- Dann mischst du die Mandeln mit Puderzucker und dem Salz in einer Schüssel und verrührst alles mit dem Eiweiß. Die Masse muss fest und klebrig sein.
- Jetzt die Mandelblättchen auf einen Teller geben.
- Die Wölkchenmasse esslöffelweise auf die Mandelblättchen geben und vorsichtig darin wälzen.
- Auf ein Blech mit Backpapier setzen.
- Bei 160 Grad Umluft etwa 18 Minuten backen.
- Nach dem Backen kannst du die Wölkchen noch durch ein feines Sieb mit etwas Puderzucker bestäuben.
- Die Wölkchen sind außen knusprig, innen weich – und sehr lecker.
- Aus den übrig gebliebenen Eigelben kannst du Traumstücke backen. Das Rezept dafür findest du auf der nächsten Seite.

# 13. Traumstücke

**Was du für 2 Bleche mit jeweils 50 Traumstücken brauchst:**

*400 g Mehl*
*4 Eigelb*
*200 g Butter*
*120 g Puderzucker*

*Und für die Deko:*
*150 g Puderzucker zum Wälzen*

**Wie du die Traumstücke zubereitest:**

- Einfach alle Zutaten für den Teig (bis auf den Puderzucker zum Wälzen) in eine große Schüssel geben und zu einem Teig kneten. Mit Frischhaltefolie bedecken und eine Stunde im Kühlschrank kühlen.
- Den Backofen auf 160 Grad Umluft vorheizen.
- 2 Backbleche mit Backpapier auslegen.
- Aus dem Teig etwa fingerbreite Rollen formen. Diese jeweils in 1 cm breite Stücke teilen und mit etwas Abstand auf das Backblech legen. Es sollen kleine Plätzchen werden!
- Etwa 10 Minuten bei 160 Grad Umluft backen.
- Aufpassen, sie dürfen nicht zu braun werden!
- Während die Traumstücke backen, den Puderzucker in eine Schüssel sieben.
- Die Traumstücke nach dem Backen auf einem Gitter abkühlen lassen, bis sie nur noch lauwarm sind. Erst dann mit dem Puderzucker vermischen.
- Aus den 4 Eiweißen kannst du Mandelwölkchen backen. Das Rezept findest du auf der Seite vor diesem Rezept.

# 14. Elfenküsse

**Was du für 28 Elfenküsse auf einem Backblech brauchst:**

1 Eiweiß
250 g Marzipan
60 g Puderzucker
20 g Mehl

Für die Deko:
28 halbe süße Mandeln
oder Haselnüsse
100 g Schokolade

Zum Bestreichen:
1 Eigelb

**Wie du die Elfenküsse zubereitest:**

- Schlage das Ei auf und trenne Eiweiß und Eigelb: Das Eiweiß soll in eine Schüssel fließen, das Eigelb in der Eierschale bleiben. Das Eigelb gibst du nun in eine bereitgestellte Tasse – du brauchst es etwas später noch.
- Verquirle das Eiweiß kurz mit einem Schneebesen.
- Gib das Marzipan in kleinen Stücken zu dem Eiweiß in die Rührschüssel.
- Siebe den Puderzucker darüber.
- Mit den Händen knetest du die Masse gut durch.
- Nun kommt das Mehl hinzu.
- Danach knetest du weiter, bis der Teig glatt ist.
- Tauche deine Finger in Wasser und lasse sie etwas abtropfen.
- Mit den feuchten Händen formst du nun haselnussgroße Kugeln.
- Die Kugeln setzt du auf das Backpapier.
- Den Backofen heizt du auf 160 Grad Umluft vor.
- Das Eigelb verquirlen und die Kugeln damit bestreichen.
- In jede Kugel oben eine Haselnuss drücken, sodass sie halb versinkt.
- 10-12 Minuten backen.
- 100 g Schokolade im Wasserbad schmelzen (Seite 158).
- Wenn die Küsschen ausgekühlt sind, kannst du sie mit der Nuss zuerst halb in Schokolade tauchen.

# 15. Pauls Lieblingskonfitüre aus Birnen

*Konfitüre kannst du ganz leicht mit der Hilfe eines Erwachsenen kochen. Die Konfitüre ist nicht nur sehr lecker, sie ist auch sehr heiß. Beim Kochen und Abfüllen muss man sehr vorsichtig sein, damit man sich nicht verbrennt. Also lieber nicht kleckern und eine erwachsene Person um Hilfe bitten.*

### Was du für 4 Gläser Birnenkonfitüre à 250 ml brauchst:

800 g reife Birnen, geschält und entkernt
200 ml Birnensaft (Apfelsaft geht notfalls auch)
500 g Gelierzucker 2:1
2 Esslöffel Zitronensaft
2 Päckchen Vanillezucker
4 Marmeladengläser mit Schraubdeckeln
(300 ml)

### Bevor du loslegst:

*Hände gut waschen. Säubere auch die Gläser, in die du die Konfitüre füllst, richtig gut. Das klappt am besten, wenn du sie nach dem Auswaschen für 15 Minuten in den 120 Grad heißen Ofen stellst. Lass die Gläser gut auskühlen, bevor du weitermachst.*

### Und jetzt wird Konfitüre gekocht:

- Die Birnen schälen, das Kerngehäuse entfernen und in kleine Würfelchen schneiden.
- Mit dem Saft in einen Topf geben. Aufkochen und ein paar Minuten köcheln lassen. (Harte Birnen müssen länger gekocht werden. Koch sie, bis die Birnen-Würfelchen fast weich sind.)
- Nun den Gelierzucker, die Zitrone und den Vanillezucker in den Topf geben und gut umrühren.
- Jetzt die Masse erhitzen, bis sie kocht, und 4 Minuten köcheln lassen. Dabei immer weiter rühren. (Vorsicht: Das kann spritzen!)
- Die heiße Masse in die Gläser füllen, die Deckel draufschrauben und abkühlen lassen.

# 16. Weihnachtskonfitüre

*Auch für die Weihnachtskonfitüre gilt: Konfitüre kannst du ganz leicht mit der Hilfe eines Erwachsenen kochen. Die Konfitüre ist nicht nur sehr lecker, sie ist auch sehr heiß. Beim Kochen und Abfüllen muss man deshalb sehr vorsichtig sein!*

### Was du für 4 Gläser Weihnachtskonfitüre à 250 ml brauchst:

*1000 g Himbeeren, frisch oder gefroren und aufgetaut*
*500 g Gelierzucker 2:1*
*2 Esslöffel Zitronensaft*
*2 Päckchen Vanillezucker*
*1 Teelöffel Zimt*
*1 Teelöffel Kardamom*
*4 Marmeladengläser mit Schraubdeckeln (300 ml)*

### Bevor du loslegst:

*Hände gut waschen. Säubere auch die Gläser, in die du die Konfitüre füllst, richtig gut. Das klappt am besten, wenn du sie nach dem Auswaschen für 15 Minuten in den 120 Grad heißen Ofen stellst. Lass die Gläser gut auskühlen, bevor du weitermachst.*

### Und jetzt wird Konfitüre gekocht:

- Die Himbeeren, den Gelierzucker, die Zitrone und den Vanillezucker in einen großen Topf geben und gut umrühren.
- Jetzt die Masse erhitzen, bis sie kocht, und 4 Minuten köcheln lassen. Dabei immer weiter rühren. Pass auf: Das kann spritzen. Und die Konfitüre ist wirklich heiß! Also noch nicht naschen!!! Jetzt den Zimt und den Kardamom reinrühren.
- Heiß in die Gläser füllen, Deckel draufschrauben und abkühlen lassen.
- Die Weihnachtskonfitüre eignet sich auch wunderbar als Geschenk. Vielleicht gemeinsam mit der Birnenkonfitüre – das Rezept findest du auf der vorherigen Seite.

# 17. Schokoweihnachtsbäume

### Was du für 12 Weihnachtsbäume brauchst:

*100 g Schokolade*
*12 dicke Salzstangen*
*1 kleiner Gefrierbeutel*

*Für die Deko:*
*Gehackte Mandeln oder*
*gehackte Haselnüsse*

### Wie du die Weihnachtsbäume zubereitest:

- 100 g Schokolade grob hacken und im Wasserbad schmelzen (wie das funktioniert, kannst du auf Seite 158 nachlesen).
- Die Schokolade etwas abkühlen lassen und in einen kleinen Gefrierbeutel füllen. Das geht einfacher, wenn du den Gefrierbeutel in ein Glas stülpst.
- Nun musst du zwei bis drei Tabletts oder Holzbrettchen mit Backpapier belegen. Sie müssen so groß sein, dass sie noch in den Kühlschrank passen.
- Die Salzstangen auf das Backpapier legen.
- Mit einer Schere eine kleine Ecke vom Gefrierbeutel abschneiden.
- Nun die Schokolade vorsichtig aus dem Beutel und über das obere Drittel der Salzstangen drücken – so, dass auf den Salzstangen ein dichtes Dreieck entsteht, das aussieht wie ein Tannenbaum. Wenn du den Baum jetzt noch mit Zuckerperlen, Glitzerzucker oder Zuckersternchen bestreust, hast du den Baum geschmückt. Lass die Weihnachtsbäumchen anschließend im Kühlschrank fest werden. Das dauert etwa 30 bis 45 Minuten. Wenn es draußen kalt ist, kannst du sie auch auf den Balkon oder die Terrasse stellen, bis sie fest sind.

# 18. Gute-Wünsche-Kekse

**Was du für 2 Backbleche mit jeweils 10 Gute-Wünsche-Keksen brauchst:**

300 g Mehl
100 g Puderzucker
1 Päckchen Bourbon-Vanillezucker
1 Prise Salz
1 Ei
200 g Butter

Zum Bestreichen:
1 Eigelb und 1 Teelöffel Wasser

Zum Beschriften der Kekse:
100 g Schokolade
1 kleiner Gefrierbeutel

**Wie du die Gute-Wünsche-Kekse zubereitest:**

- Das Mehl auf die Arbeitsfläche schütten und in die Mitte eine Mulde drücken. In die Mulde den Puderzucker, den Vanillezucker, das Salz und das Ei geben.
- Die kalte Butter in kleine Stücke schneiden, auf dem Mehl verteilen.
- Dann alles möglichst schnell zu einem glatten Teig verkneten.
- Anschließend den Teig in Folie gewickelt für etwa 30 Minuten in den Kühlschrank legen.
- Den Backofen auf 160 Grad Umluft vorheizen.
- Die Backbleche mit Backpapier auslegen.
- Den Teig nicht zu dünn zu einem Rechteck ausrollen, etwa 1 cm dick.
- In 20 kleine Rechtecke schneiden. Nicht zu klein! Du willst ja etwas draufschreiben.

- Das Eigelb mit dem Wasser verquirlen, die Rechtecke damit bestreichen. Jeweils 10 Rechtecke auf ein Backblech legen.
- 12 Minuten backen und abkühlen lassen.
- Nun die Schreibschokolade für die guten Wünsche vorbereiten:
- Die Schokolade wird im Wasserbad geschmolzen. Die Anleitung dafür findest du auf Seite 158.
- Deine Schokolade ist schreibbereit, wenn sie gut geschmolzen und wieder etwas abgekühlt ist. Sie sollte lauwarm sein und schon etwas fest werden.
- Fülle die Schokolade in den Gefrierbeutel. Das geht einfacher, wenn du den Gefrierbeutel in ein Glas stülpst. Schneide eine kleine Ecke des Beutels ab – aber wirklich nur eine ganz kleine Ecke. Aus dieser Öffnung kommt gleich die Schokolade. Und je größer das Loch ist, desto dicker wird die Schrift.
- Jetzt wird es knifflig! Vielleicht magst du zuerst ein wenig üben? Dann schreib ein paar Wörter auf Backpapier, bevor du die Kekse beschriftest.
- Drücke dafür leicht auf den Beutel und schreibe deine Wünsche für deine Liebsten auf:
- Glück, Liebe, Spaß ... Alles, was dir einfällt und wichtig ist.
- Viel Spaß beim Verschenken!

# 19. Gute-Laune-Würfel
## (Sauer macht lustig!)

**Was du für 1 Blech mit 30 Gute-Laune-Würfeln brauchst:**

125 g kalte Butter
180 g Mehl
20 g Stärke
70 g Puderzucker
1 Prise Salz
Abgeriebene Schale einer Zitrone
50 ml frisch gepresster Zitronensaft

Und für den Guss:
150 g Puderzucker
2 Esslöffel Zitronensaft

**Wie du die Gute-Laune-Würfel zubereitest:**

- Die Butter in kleine Stücke schneiden und mit dem Mehl, der Stärke, dem Salz, dem Puderzucker und der Zitronenschale vermischen, bis die Butter sich mit den Zutaten etwas verbunden hat. Den Zitronensaft dazugeben und zu einem Teig kneten.
- Den Ofen auf 160 Grad Umluft vorheizen.
- Den Teig auf einer bemehlten Arbeitsfläche 1 cm dick ausrollen und in kleine Quadrate schneiden.
- Mit einer Gabel 2-3 Mal einstechen und mit etwas Abstand auf das Backblech setzen.
- Bei 160 Grad etwa 15 Minuten backen, bis die Quadrate hellbraun sind.
- Auf einem Backblech abkühlen lassen.
- Für den Guss den Puderzucker mit dem Zitronensaft verrühren. Achte darauf, dass die Masse nicht zu flüssig wird, sondern schön weiß und dick bleibt. Die Kekse damit bestreichen. Den Guss fest werden lassen.

# 20. Schokoschneekugeln

### Was du für etwa 30 Schokoschneekugeln brauchst:

*150 g Haferflocken, zart*
*150 g Puderzucker*
*30 g Backkakao*
*2 Esslöffel Wasser*
*150 g weiche Butter*

*Und zum Wälzen:*
*50 g Kokosflocken*

### Wie du die Schokoschneekugeln zubereitest:

- Die Schokoschneekugeln werden nicht gebacken. Du musst einfach nur alle Zutaten bis auf die Kokosflocken in einem Mixer oder mit den Händen gut verkneten.
- Eine halbe Stunde in den Kühlschrank stellen.
- 20 bis 25 Kugeln daraus formen und in den Kokosflocken wälzen.
- Die Schneekugeln am besten im Kühlschrank aufbewahren. Sie mögen es kühl.

# 21. Kleine Knusperhörnchen

**Was du für 2 Bleche mit jeweils etwa 16 Knusperhörnchen brauchst:**

*300 g Mehl*
*200 g Butter*
*200 g Frischkäse*
*120 g brauner Zucker*
*60 g gemahlene Haselnüsse*
*1 Teelöffel Zimt (einfach weglassen, wenn du Zimt nicht magst!)*

**Wie du die Knusperhörnchen zubereitest:**

- Die Knusperhörnchen sind sehr schnell gemacht. Einfach aus dem Mehl, der Butter und dem Frischkäse einen glatten Teig kneten. In Frischhaltefolie wickeln und mindestens zwei Stunden in den Kühlschrank stellen.
- Jetzt den Zucker, die Nüsse und den Zimt in einer Schüssel mischen.
- Den Backofen auf 160 Grad Umluft vorheizen.
- Zwei Backbleche mit Backpapier auslegen.
- Den Teig aus dem Kühlschrank nehmen, vierteln und jeweils zu einer Kugel formen.
- Die Haselnuss-Zuckermischung auch in vier Portionen teilen. Jeweils eine davon auf die Arbeitsplatte streuen und eine Teigkugel darauf zu einem etwa 26 cm großen Kreis ausrollen. Anschließend den Teig einmal wenden, damit der Zucker auf beide Seiten kommt.
- Die Kreise wie einen Kuchen in 16 Teile schneiden und, mit der langen Seite beginnend, zu Hörnchen aufrollen.
- Auf die Backbleche legen.
- Etwa 12 Minuten backen.

# 22. Vanillas Lieblingslebkuchen

Die Lebkuchen kann man nach dem Grundrezept in verschiedenen Varianten herstellen, so wie Vanilla das macht. Hierfür einfach die Nusssorten verändern oder den Schokoüberzug.
Vanillas Lieblingsvariante: ganz viel Vanille – und weiße Schokolade.

### Was du für etwa 24 Lebkuchen brauchst:

24 Backoblaten mit 70 mm Durchmesser

6 Eier
150 g brauner Zucker
50 g Honig
400 g Zitronat oder Orangeat
500 g gemahlene Nüsse
(Vanilla nimmt Mandeln)
100 g gehackte Nüsse
(Vanilla nimmt Cashewnüsse)
1 Prise Salz
2 Päckchen Vanillezucker
(oder andere Gewürze)


Für die Deko:
200 g Schokolade
(Vanilla nimmt weiße)
Ganze Mandeln oder Haselnüsse

## Wie du die Lebkuchen zubereitest:

- Den Backofen auf 150 Grad Ober-/Unterhitze vorheizen.
- 4 Eier mit dem Zucker und dem Salz schaumig schlagen. Zum Schluss den Honig dazugeben und gut unterrühren.
- Das Zitronat oder Orangeat mit den anderen beiden Eiern in einem hohen Gefäß pürieren. (Vanilla mixt hier extra gut, damit in den Lebkuchen keine kleinen festen Stückchen durch das Zitronat oder Orangeat zurückbleiben – das mögen nämlich viele nicht.)
- Nun die beiden Eiermassen, die Nüsse, das Salz und die Gewürze gut vermengen.
- Den Teig zu 24 Kugeln rollen. Und jeweils eine Kugel auf einer Oblate plattdrücken.
- Auf ein Blech mit Backpapier setzen.
- Bei 150 Grad Ober-/Unterhitze für 20 Minuten backen.
- Nach dem Abkühlen die Schokolade im Wasserbad schmelzen (wie das funktioniert, kannst du auf Seite 158 nachlesen). Die Lebkuchen damit bestreichen. Das geht gut mit einem Backpinsel.
- Als Verzierung auf die Mitte des Lebkuchens eine Nuss oder eine Mandel setzen.

# 23. Kokos-Marzipan-Schneekugeln

Was du für etwa 15 Kokos-Marzipan-Schneekugeln brauchst:

200 g Butterkekse
150 g Marzipan
etwa 50 ml Saft (Apfelsaft oder Kirschsaft)

Und für die Deko:
100 g weiße Schokolade
50 g Kokosflocken

Wie du die Kokos-Marzipan-Schneekugeln zubereitest:

- Die Kokos-Marzipan-Schneekugeln werden nicht gebacken.
- Du musst zuerst die Butterkekse fein zerkleinern. Das geht am besten in einem Mixer mit Messer. Du kannst aber die Kekse auch in eine Tüte geben und mit dem Nudelholz draufhauen, bis alles klitzeklein ist. Größere Stücke kannst du mit den Händen zerreiben.
- Jetzt zerkleinerst du auch das Marzipan mit einer groben Reibe.
- Dann schüttest du alles (bis auf die Zutaten für die Deko) mit dem Saft in eine große Schüssel und knetest einen Teig daraus.
- Den Teig musst du nun eine Stunde ruhen lassen, bevor du 15 kleine Kugeln daraus formst.
- Nun die Schokolade für die Deko in einem Wasserbad schmelzen (wie das funktioniert, kannst du auf Seite 158 nachlesen).
- In der Zwischenzeit ein Backblech oder Holzbrett mit Backpapier belegen.
- Die Kugeln vorsichtig mit zwei Gabeln in die Schokolade tauchen und auf das Backpapier setzen.
- Mit Kokosflocken bestreuen.
- Wenn die Schokolade getrocknet ist, kann die Schneeballschlacht losgehen!

# 24. Weihnachtsgugelhupf

**Was du für den Gugelhupf mit 24 cm Durchmesser brauchst:**

2 Eier
100 g Zitronat oder Orangeat
500 g Mehl
1 Päckchen Backpulver
1 Prise Salz
150 g gemahlene Mandeln ohne Haut
150 g Zucker
175 g Butter
1 Päckchen Vanillezucker
1 Teelöffel Kardamom
250 g Magerquark
300 g Trockenobst, in kleine Stücke geschnitten (Rosinen, Cranberrys, getrocknete Aprikosen – ganz nach deinem Geschmack)

Und für die Deko:

40 g Butter
50 g Puderzucker

**Wie du den Gugelhupf zubereitest:**

- Ofen auf 160 Grad Umluft vorheizen.
- Zuerst die Eier in eine Schüssel schlagen und das Zitronat oder Orangeat hinzugeben. Püriere das Ganze anschließend mit dem Pürierstab. Nun alle weiteren Zutaten bis auf die Trockenfrüchte dazugeben und das Ganze mit einem Handrührgerät oder der Küchenmaschine zu einem Teig verarbeiten. Am Ende die Trockenfrüchte auf kleiner Stufe vorsichtig unterkneten.
- Eine Gugelhupfform buttern und mit Mehl ausstreuen.
- Den Teig hineingeben.
- Für eine Stunde backen.
- 5 Minuten abkühlen lassen und dann vorsichtig aus der Form lösen.
- Die Butter schmelzen und den Kuchen damit bestreichen.
- Mehrmals mit Puderzucker bestäuben.

# Geheimtipps aus der Weihnachtsbäckerei:

## So schmilzt du Schokolade im Wasserbad

- Schokolade wird in einem Wasserbad geschmolzen. Das macht man, damit sie nicht anbrennt.
- Nimm dafür einen großen Topf, fülle ihn mit etwas Wasser und stelle einen zweiten, kleineren Topf hinein, sodass er auf dem Wasser schwimmt. Dort hinein gibst du nun etwa 2/3 der in kleine Stückchen gebrochenen Schokolade.
- Nun erhitze das Wasser. Pass dabei auf, dass es nicht zu heiß wird: Das Wasser sollte nicht sprudelnd kochen, denn es darf nicht in den kleinen Topf mit der Schokolade spritzen.
- Die Schokolade schmilzt nun langsam, ohne anzubrennen. Rühr dabei hin und wieder um, bis die komplette Schokolade flüssig ist.
- Nun den Topf mit der geschmolzenen Schokolade aus dem Wasserbad nehmen und die restliche Schokolade, die du ebenfalls in kleine Stücke gebrochen hast, dazugeben. Gut umrühren, bis alles geschmolzen ist.

# So stellst du dein eigenes Marzipan her

**Was du dafür brauchst:**

*200 g Mandeln, mit Haut*
*150 g Puderzucker*
*2 Teelöffel Rosenwasser (gibt es in der Apotheke)*
*oder normales Wasser*

- Zuerst müssen die Mandeln von der Haut befreit werden. Dafür legst du die Mandeln in einen Topf mit Wasser und bringst dieses zum Kochen. Nach etwa fünf Minuten gießt du das heiße Wasser vorsichtig ab und lässt kaltes Wasser über die Mandeln laufen. Jetzt kannst du die braune Haut von den Mandeln ablösen, indem du die Kerne einfach rausdrückst. Manchmal musst du auch ein wenig knibbeln, aber es lohnt sich! Frisch gehäutete und gemahlene Mandeln schmecken besonders gut.
- Nun die gehäuteten Mandeln in einen Mixer geben oder mit einem Pürierstab zerkleinern. Je feiner du die Mandeln mahlst, desto leckerer wird das Marzipan.
- Verrühre nun den Puderzucker mit den Mandeln. Mische das Rosenwasser oder normales Wasser darunter und knete die Zutaten gut durch. Das kann ein Weilchen dauern: Gutes Marzipan braucht Zeit.